명심보감

명심보감

인 생 과 세 상 살 이 의 철 학

조 성 천 역주

들녘 모시는사람들

옮긴이의 말

∽∾∽

『명심보감(明心寶鑑)』이란 '마음을 밝히는 본보기가 될 만한 말들을 적은 귀중한 책'이라는 뜻이다. 이 책은 심성수양·입신처세·학문권장·행동규범·대인관계·수신제가 및 치국에 관한 명언들을 여러 책에서 모아 편찬한 것이다.

『명심보감』은 인간의 본질을 탐구하고 인격을 고양시켜 삶의 아름다움을 추구하는 인생철학서이자, 인간관계와 세상살이의 예의·질서 및 법도를 공부하는 처세철학서이다. 이 책에서 강조한 핵심 덕목은 선행(善)·진심(忠) 어짊(仁)·도의(義)·예의(禮)·신의(信)·효성(孝)·우애(悌)·청렴(廉) 등이다. 이것은 인간의 본질로서 인간이 동서고금을 떠나 변함이 없이 지녀야 할 덕목이다. 그러므로 이 책은 인성교육·도덕교육·계몽교육·처세교육의 중요 교과서가 되었다.

『명심보감』의 편찬자에 대해 국내외에서 의견이 분분하다. 혹자는 고려(高麗) 충렬왕(忠烈王) 때의 문신 추적(秋適, 1245-1317)이라 주장하고, 혹자는 명대(明代)의 범립본(范立本)이라 한다. 국내외에서 편찬자로 추적을 부정하고 범립본을 인정하는 설과 논문이 있다. 하지만 최근 중국의 이조전(李朝全) 역주의 『明心寶鑑』(北京, 花藝出版社, 2007.1), 보전관(寶典館) 편집부 역주의 『明心寶鑑』(北京聯合出版公司出版, 2014.5) 등에서는 추적을 편찬자로 인정하고 있다. 이 책의 편찬자에 대해 향후 깊은 고증과 연구를 하기로 한다.

『명심보감』은 우리나라에서는 고려시대를 거쳐 조선시대에서 현대까지 학습되고 있다. 중국에서는 명대(明代)에 유행하다가 청대(淸代) 이후로는 점차 쇠퇴하였다. 이 책은 중국을 통해 일본·베트남·필리핀 및 서방으로 전해지기도 하였다.

추적이 편찬했다고 전하는 『명심보감(明心寶鑑抄)』에는 다음 19편이 수록되어 있다.

계선(繼善)·천명(天命)·순명(順命)·효행(孝行)·정기(正己)

안분(安分)·존심(存心)·계성(戒性)·근학(勤學)·훈자(訓子)

성심(省心)·입교(立敎)·치정(治政)·치가(治家)·안의(安義)

준례(遵禮)·언어(言語)·교우(交友)·부행(婦行)

그러나 범립본이 편찬한 것은 총 20편으로 되어 있는데, 위의 '천명'이 '천리(天理)'로, '근학'이 '권학(勸學)'으로 되고, '준례'·'언어' 사이에 '존신(存信)' 1편이 더 들어 있다. 추적의 편찬본과 범립본의 편찬본은 각 편마다 조목 및 내용에 있어서 상당한 차이가 있다.

국내에서는 여러 종류의 이본(異本)이 생기고 편명의 증감이 있었다. 어떤 판본은 '증보(增補)'·'효행(孝行)'·'염의(廉義)'·'권학(勸學)'을 증보한 것이 있는

가 하면, 어떤 판본은 '팔반가(八反歌)' 한 편을 증보한 것도 있다.

현재 국내에서는 위의 19편에 '증보'·'효행'·'염의'·'권학'·'팔반가' 5편을 증보한 총 24편으로 된 『명심보감』이 통행되고 있다.

『명심보감』은 이러한 편명을 통하여, 선행을 해야 하고, 하늘의 이치를 따라야 하며, 자신의 행위를 근신하고 성찰해야 하며, 본분을 지키며 만족할 줄 알아야 하며, 부모를 공경해야 함을 강조하였다. 또한 가정은 예와 질서로 다스리고 근검(勤儉)과 화순(和順)을 중시해야 하며, 인간관계는 도의(道義)를 중시해야 하고, 배움을 부지런히 하여 지혜와 성취를 이루고, 자녀 교육에 있어 물질적 유산보다는 독립적으로 생활할 수 있는 기예를 가르쳐야 하고, 교육은 엄격한 방식으로 이루어져야 함을 중시하였다. 그리고 정치의 근본은 애민(愛民)과 덕치(德治)에 있으며, 관리는 백성을 위해 봉사하며 공정하고 청렴해야 함을 역설하였다.

『명심보감』의 내용은 비록 과거 사상이지만, 오늘날에도 여전히 인류의 모든 사회를 유지·발전시키는 보편정신이다. 최근 우리 사회는 이러한 보편정신을 간과하여 사회 병폐와 문제가 야기됨으로써 심각한 위기 국면을 맞이하고 있다. 이에 개인은 정신의 안위와 인생 및 행동의 지침을 찾고 있으며, 우리 사회는 건전한 사회 환경을 만들려는 노력을 하고 있다. 최근 인성교육을 강조하는 것도 이러한 노력의 일환이다.

이러한 시점에서, 역주자는 『명심보감』 역주를 통하여 개인의 인생 및 행동을 성찰하고 인간의 보편정신을 일깨울 수 있기를 희망한다.

본 역주는 국내의 통행본을 저본으로 하고 범립본의 판본을 참고하였으며 또한 국내뿐만 아니라 중국의 역주를 검토하였다. 주(注)에서는 한자의 단어와 어구의 뜻풀이뿐만 아니라 용법·용례 등을 설명하여 한자 학습에 도움이 되게 하였다. 또한 문장의 출처를 밝혔다. 부록의 인물 색인, 저작 색인에서는 인물의 행적이나 사상, 저작의 성격이나 의의 등을 설명하여 인문학의 기초를 쌓게 하였다.

본 역주는 각 편의 원문을 상하 대칭이 되게 배열하여, 긴 구절을 짧게 하였다. 이것은 긴 원문에 대한 부담감을 줄이고자 한 것이다. 이로써 본래 배열과는 다른 점이 있다. 이러한 배열은 역주자의 자의적인 것이다. 원문의 독음은 한글의 두음법칙을 적용하여 표기하였다.

역주자는 본서를 통해 독자들이 과거의 정신문화 유산을 향유하고 체험하여, 인생과 세상살이의 지혜를 사유하는 계기가 되기를 간절히 바라지만, 여전히 미진한 곳이 있을 수 있다. 독자 제현의 가르침이 있기를 바란다.

2017년 7월

조성천 삼가 쓰다.

차례

명심보감

옮긴이의 말 ― 5

제1장

계선편(繼善篇)

선을 쌓아 인격을 완성한다

1

공자가 말하였다.

"선을 행하는 사람은 하늘이 복으로써 그에게 보답하고, 불선을 행하는 사람은 하늘이 화로써 그에게 보답하느니라."

子曰 爲善者¹는 天報之以福²하고
자 왈 위 선 자   천 보 지 이 복

爲不善者는 天報之以禍니라
위 불 선 자   천 보 지 이 화

2

한나라 소열황제가 임종에 즈음하여 후주를 훈계하여 말하였다.

"선이 작다고 하지 않아서는 안 되고, 악이 작다고 해서는 안 된다."

漢昭烈이 將終에 勅³後主曰
한 소 열   장 종   칙 후 주 왈

1 위선자(爲善者): 선을 행하는 사람. 위(爲)는 행하다. 자(者)는 ~하는 사람, ~하는 것.
2 천보지이복(天報之以福): 보(報): 보답하다. 지(之)는 앞의 명사를 대신함. "위선자(爲善者)"를 말함. 이(以)는 ~로써, ~을 가지고.
3 칙(勅): 조서 칙, 천자나 임금의 명령을 적은 문서, 타이르다, 경계하다, 가르치며 훈계하다(敎誡).

勿以善小而不爲하고 勿以惡小而爲之하라
물 이 선 소 이 불 위　　　물 이 악 소 이 위 지

3

장자가 말하였다.

"하루라도 선(善)을 생각하지 않으면, 온갖 악이 다 저절로 일어나느니라."

莊子曰 一日不念善이면 諸[4]惡이 皆[5]自起니라
장 자 왈 일 일 불 념 선　　　제 악　　개 자 기

4

태공이 말하였다.

"선을 보거든 목마른 것처럼 하고, 악을 듣거든 귀먹은 것처럼 하라."

또 말하였다.

"선한 일은 모름지기 탐내어 해야 하고, 악한 일은 즐겨하지 말라."

太公曰 見善如渴[6]하고 聞惡如聾[7]하라
태 공 왈 견 선 여 갈　　　문 악 여 롱

4　제(諸): 모든, 여러.
5　개(皆): 다, 모두.
6　여갈(如渴): 마치 목마르듯이 하다. 여(如)는 마치 ~하듯이, ~와 같이. 갈(渴)은 목마르다.
7　여롱(如聾): 귀먹은 것처럼 하다. 롱(聾)은 귀먹다.

又曰 善事須貪_{하고}　惡事莫樂⁸_{하라}
우왈　선사수탐　　악사막락

5

마원이 말하였다.

"일생 동안 선을 행하여도 선은 오히려 부족하고, 하루만 악을 행하여도 악은 저절로 넘치게 되느니라."

馬援曰　終身⁹行善¹⁰_{이라도}　善猶¹¹不足_{이요}
마원왈 종신 행선　　　선 유　부족

一日行惡_{이라도}　惡自有餘_{니라}
일 일 행 악　　　악 자 유 여

6

사마온공이 말하였다.

"금전을 모아 자손에게 물려줄지라도 반드시 자손이 다 지킬 수 있다고 할 수는 없으며, 서적을 모아 자손에게 물려줄지라도 반드시 자손이 다 읽는다고는 할 수 없으니, 남모르는 가운데 음덕을 쌓아 자손을 위한 계획으로

---

8 막락(莫樂): 즐거워 함이 없어야 한다, 좋아함이 없어야 한다. 막(莫)은 ~함이 없다, 락(樂)은 즐기다.
9 종신(終身): 죽을 때까지, 평생.
10 행선/악(行善/惡): 선/악을 행하다.
11 유(猶): 오히려, 아직.

삼는 것만 못하니라."

司馬溫公曰 積金以¹²遺¹³子孫이라도　未必¹⁴子孫이 能盡守요
사 마 온 공 왈 적 금 이 유　자 손　　　 미 필 자 손　 능 진 수

積書以遺子孫이라도　　未必子孫이 能盡讀이니
적 서 이 유 자 손　　　 미 필 자 손　 능 진 독

不如¹⁵積陰德¹⁶於冥冥之中¹⁷하여 以爲子孫之計也니라
불 여 적 음 덕　어 명 명 지 중　　　 이 위 자 손 지 계 야

7

『경행록』에서 말하였다.

"은정을 널리 베풀어라, 사람이 살아가며 어느 곳에서든 만나지 않으랴.
원한을 맺지 말라, 길이 좁은 곳에서 만나면 피하기 어려우니라."

景行錄曰 恩義¹⁸를 廣施하라　人生何處不相逢이랴
경 행 록 왈 은 의　　광 시　　　 인 생 하 처 불 상 봉

讐怨¹⁹을 莫結²⁰하라 路逢狹處면 難回避니라
수 원　　막 결　　　 노 봉 협 처　 난 회 피

---

12 이(以): ~하여서, ~함으로써. 전후 문장을 연결하는 역할.
13 유(遺): 남겨 주다.
14 미필(未必): 반드시 ~하는 것은 아니다.
15 A不如B: A 는 B만 못하다.
16 음덕(陰德): 남에게 알려지지 않게 행하는 덕행.
17 명명지중(冥冥之中): 드러나지 않는 가운데.
18 은의(恩義): 은정(恩情).
19 수원(讐怨): 원한
20 막결(莫結): 맺지 말라. 막(莫)은 ~하지 말라, 결(結)은 맺다.

8

장자가 말하였다.

"나를 선하게 대하는 자에게도 나는 선하게 대하고, 나를 악하게 대하는 자에게도 나는 선하게 대할지니라. 내가 이미 남에게 악하게 대하지 않았으니, 남도 나에게 악하게 대함이 없을 것이니라."

莊子曰 於我善者^{21}도　我亦^{22}善之하고
장자왈 어아선자　　　아 역 　선지

於我惡者도　　　　我亦善之니라
어 아 악 자　　　　아 역 선 지

我旣於人에　　　　無惡이면
아 기 어 인　　　　무 악

人能於我에　　　　無惡哉인저
인 능 어 아　　　　무 악 재

9

동악성제가 가르침을 내려 말하였다.

"하루라도 선한 일을 행하면 복은 비록 이르지 않을지라도 화는 저절로 멀어질 것이요, 하루라도 악한 일을 행하면 화는 비록 이르지 않을지라도 복은 저절로 멀어질 것이니라. 선한 일을 하는 사람은 봄 동산의 초목과 같아 그것(초목)이 성장하는 것을 보지 못하더라도 날마다 증가하는 바가 있고, 악

21 어아선/악자(於我善/惡者): 나에게 선/악하게 대하는 자. 어(於): ~에게
22 역(亦): ~도, 또한.

한 일을 하는 사람은 칼 가는 숫돌과 같아 그것(숫돌)이 닳는 것을 보지 못하더라도 날마다 줄어드는 바가 있게 되느니라."

東岳聖帝垂訓[23]曰 一日行善이면 福雖未至나 禍自遠矣요
동악성제수훈 왈 일일행선 복수미지 화자원의

　　　　　　　一日行惡이면 禍雖未至나 福自遠矣니
　　　　　　　일일행악 화수미지 복자원의

　　　　　　　行善之人은 如春園之草하여
　　　　　　　행선지인 여춘원지초

　　　　　　　不見其長이라도 日有所增[24]하고
　　　　　　　불견기장 일유소증

　　　　　　　行惡之人은 如磨刀之石하여
　　　　　　　행악지인 여마도지석

　　　　　　　不見其損이라도 日有所虧니라
　　　　　　　불견기손 일유소휴

10

공자가 말하였다.

"선한 일을 보거든 미치지 못한 것처럼 하고, 선하지 못한 일을 보거든 끓는 물에 손을 넣듯이 하라."

23 수훈(垂訓): 가르침이나 훈계를 내림.
24 일유소증/휴(日有所增/虧): 날로 증가하는/줄어드는 바가 있다.

子曰 見善如不及²⁵하고 見不善如探湯²⁶하라
자 왈 견 선 여 불 급   견 불 선 여 탐 탕

25 불급(不及): 미치지 못함.
26 탐탕(探湯): 끓는 물에 손을 넣음.

제2장

천명편(天命篇)

하늘의 뜻을 경외한다

1

맹자가 말하였다.

"하늘의 뜻을 따르는 자는 보존되고, 하늘의 뜻을 거스르는 자는 멸망하느니라."

子曰 順天者¹는 存하고 逆天者는 亡하니라²
자 왈 순 천 자   존   역 천 자   망

2

소강절 선생이 말하였다.

"하늘의 들음은 고요하여 소리가 없으니 푸르고 푸른 하늘 어느 곳에서 찾을 수 있을까? 높은 곳에 있지도 않고 또한 먼 곳에 있지도 않으니 모두 오직 사람 마음속에 있느니라."

邵康節³先生曰 天聽⁴寂無音하니 蒼蒼何處尋고
소 강 절 선 생 왈   천 청 적 무 음   창 창 하 처 심

非高亦非遠하니 都⁵只在人心이니라
비 고 역 비 원   도 지 재 인 심

1   순/역천자(順/逆天者): 하늘의 이치에 순응/거역 하는 사람. 존/망(存/亡): 보존되다/멸망하다.
2   이 말은 『맹자(孟子) · 이루(離婁)』에 나온다.
3   소강절(邵康節): 시호가 강절(康節)인 소(邵) 선생
4   천청(天聽): 하늘의 들음.
5   도(都): 모두, 앞의 말을 받음.

3

현제가 가르침을 내려 말하였다.

"사람 사이 사사로운 말이라도 하늘이 듣는 것은 우뢰와 같고, 어두운 방에서 마음을 속이더라도 신이 보는 것은 번개와 같으니라."

玄帝垂訓曰 人間私語[6]라도 天聽若[7]雷하고
현제수훈왈 인간사어   천청약 뢰

暗室欺心이라도 神目[8]如電이니라
암실기심   신목 여전

4

『익지서』에서 말하였다.

"악한 마음이 가득차면 하늘이 반드시 벌하느니라."

益智書云 惡鑵[9]이 若滿이면 天必誅之니라
익지서운악관   약만   천필주지

6 사어(私語): 사사로운 말.
7 약(若): ~와 같다.
8 신목(神目): 신이 보다.
9 악관(惡鑵): 악이 담긴 그릇, 악이 쌓인 마음. 관(鑵)은 관(罐)과 같은 의미, 그릇.

5

장자가 말하였다.

"만약 어떤 사람이 선하지 못한 일을 하고서도 이름이 세상에 드러난 자가 있다면, 사람이 비록 해치지 않더라도 하늘이 반드시 죽이느니라."

莊子曰 若人作不善하여 得顯名¹⁰者면
장 자 왈 약 인 작 불 선   득 현 명   자

人雖¹¹不害나 天必戮¹²之니라
인 수   불 해   천 필 륙   지

6

오이를 심으면 오이를 얻고 콩을 심으면 콩을 얻으니,

하늘의 그물은 넓고 커서 성기다 해도 새나가지는 못하느니라.

種瓜得瓜요 種豆得豆니
종 과 득 과   종 두 득 두

天網¹³恢恢¹⁴하여 疎¹⁵而不漏¹⁶니라
천 망   회 회   소   이 불 루

10 현명(顯名): 이름이 세상에 널리 드러남.
11 수(雖): 비록 ~이지만.
12 륙(戮): 죽이다.
13 천망(天網): 하늘에서 펼쳐놓은 그물.
14 회회(恢恢): 매우 넓고 크다.
15 소(疎): 소(疎)와 같은 의미로 성글다.
16 루(漏): 새다.

7

공자가 말하였다.

"하늘에 죄를 지으면 빌 곳도 없느니라."

子曰 獲罪於天이면 無所禱也니라[17]
자 왈 획 죄 어 천　　　무 소 도 야

---

17 이 말은 『논어(論語) · 팔일(八佾)』에 나온다.

제3장

순명편(順命篇)

인간 만사는 하늘의 뜻에 달려 있다

1

공자가 말하였다.

"죽고 사는 것은 운명에 달려 있고, 부하고 귀한 것은 하늘에 달려 있느니라."

子曰 死生이 有命이요 富貴는 在天이니라[1]
자 왈 사 생   유 명   부 귀   재 천

2

만사는 분수가 정해져 있는데, 덧없는 인생들은 부질없이 바쁘니라.

萬事分已定이어늘 浮生[2]空自[3]忙이니라
만 사 분 이 정   부 생 공 자 망

3

『경행록』에서 말하였다.

"화는 요행으로 면할 수 없으며, 복은 두 번 다시 구할 수 없느니라."

---

1 이 말은 『논어(論語)·안연(顏淵)』에 나온다.
2 부생(浮生): 덧없는 인생.
3 공자(空自): 헛되이, 부질없이.

景行錄云 禍不可倖免[4]이요 福不可再求[5]니라
경 행 록 운 화 불 가 행 면　　복 불 가 재 구

4

때가 오면 바람이 (왕발을) 등왕각으로 보내 명성을 떨치듯이 할 것이요, 운
수가 쇠퇴하면 벼락이 천복비를 산산조각 내듯이 할 것이니라.

時來風送滕王閣[6]이요 運退雷轟薦福碑라
시 래 풍 송 등 왕 각　　운 퇴 뢰 굉 천 복 비

4 행면(倖免): 요행으로 구하다.
5 재구(再求): 두 번 구하다. 여러 번 구하다.
6 등왕각(滕王閣): 등왕각은 당(唐)나라 고조(高祖) 이연(李淵)의 막내아들 이원영(李元嬰)이 홍주자사(洪
  州刺史)로 있을 때, 강서성(江西省) 남창현(南昌縣)에 지은 누각(樓閣)으로 이원영이 등왕(滕王)에 봉작
  (封爵)되어 있었으므로 등왕각이라 불렀다. 당나라 시인 왕발(王勃)의 서(序)로 유명하다. 전하는 바에
  따르면, 왕발이 아버지를 만나러 가는 길에, 꿈속에 강신(江神)이 나타나 "내일 등왕각을 중수한 낙성
  식이 있으니 참석해 글을 지어 이름을 내라." 라고 하였다. 왕발이 "여기서 남창까지는 7백 리인데 하
  룻밤에 당도할 수 있습니까?" 하고 물으니, "배에 오르기만 하면 내가 바람을 불어주리라." 라고 하였
  다. 왕발은 하룻밤 사이에 등왕각에 이르러 등왕각 시와 서문을 지어 문명을 떨쳤다. 특히 당시 왕발의
  나이가 14세라는 데서 더욱 사람들을 놀라게 했다. 왕발에게는 참으로 대단한 행운이 따라주었다고
  볼 수 있다.
  이와 반대의 이야기가 원대(元代)의 마치원(馬致遠)의 『운거뢰굉천복비(運去雷轟薦福碑)』라는 희극에
  나온다. 송(宋)나라 때 범중엄(范仲淹)이 파양(鄱陽)에서 군수를 하고 있었는데, 가난한 서생이 시를 지
  어 궁핍한 생활을 하소연하였다. 범중엄은 그가 가련하다는 생각이 들었다. 그가 쓴 시의 필체를 보니
  괜찮아 보여 천복산(薦福山)에 있는 명필 구양순(歐陽詢)이 쓴 천복비(薦福碑)의 비문을 베껴 주면 사
  주겠다고 하였다. 이에 가난한 서생은 희망에 부풀어 천복사를 향하여 갔다. 그러나 천복산에 도착한
  그날 밤 벼락이 그 비석을 때려 산산조각을 만들었다. 이에 가난한 서생의 희망도 산산이 부서지고 말
  았다. 가난한 서생에게는 참으로 불행의 연속이 되었다. 이처럼 사람의 일은 알 수 없어서 때가 이르면
  왕발처럼 모든 일이 잘되고, 운수가 쇠퇴하면 가난한 서생처럼 모든 일이 안 되는 것이다.

5

열자가 말하였다.

"무지하고 어두운 사람일지라도 집에는 돈이 있고 권세가 있으며, 지혜롭고 총명한 사람일지라도 도리어 빈천하게 되느니라. 연월일시가 모두 정해져 있는 것이니, 헤아려 보면 하늘의 명에 달린 것이요 사람에게 달린 것이 아니니라."

列子曰 癡聾痼癌[7]도 家豪富[8]요 智慧聰明도 却受貧[9]이라
열 자 왈 치 롱 고 아　　 가 호 부　 지 혜 총 명　 각 수 빈

年月日時該載定하니　算來[10]由[11]命不由人이니라
년 월 일 시 해 재 정　　 산 래　 유 명 불 유 인

---

7 치롱고아(癡聾痼癌): 이 말은 지혜총명(智慧聰明)과 상반되는 말이다. 치롱(癡聾)은 지혜(智慧)와 상반되는 의미로 어리석다, 무지하다는 뜻이요, 고아(痼癌)는 총명(聰明)과 상반되는 의미로 완고하다, 사리에 어둡다는 뜻이다.
8 호부(豪富): 돈 있고 권세 있음.
9 수빈(受貧): 빈천을 만남, 빈천을 당함.
10 산래(算來): 따져보면, 헤아려 보면.
11 유(由): ~로 말미암다.

제4장

효행편(孝行篇)

부모 섬기는 도리를 다하여 효도한다

1

『시경』에서 말하였다.

"아버지여! 날 낳으시고 어머니여! 날 기르시니 슬프고 슬프도다 부모이시어, 나를 낳아 애쓰며 고생하셨도다. 깊은 은혜를 갚고자 할진대, 하늘과 같이 끝이 없도다."

詩曰 父兮[1]生我하시고 母兮鞠[2]我하시니
시 왈 부 혜 생 아   모 혜 국 아

哀哀父母여   生我劬勞[3]삿다
애 애 부 모   생 아 구 로

欲報深恩인대   昊天[4]罔極이로다[5]
욕 보 심 은   호 천 망 극

2

공자가 말하였다.

"효자가 어버이를 섬기는 도리는 평소 거처하실 때는 공경을 다하고, 봉양할 때는 즐거움을 다하고, 병이 나셨을 때는 근심을 다하고, 돌아가셨을 때는 슬픔을 다하고, 제사 지낼 때는 엄숙을 다해야 하느니라."

---

1 혜(兮): 어조사.
2 국(鞠): 기르다.
3 구로(劬勞): 어머니가 자식을 낳느라 힘들게 수고함.
4 호천(昊天): 하늘.
5 이 말은 『시경(詩經)·소아(小雅)·요아(蓼莪)』에 나온다.

子曰 孝子之事親也에 居⁶則致⁷其敬하고
자 왈 효 자 지 사 친 야   거 즉 치 기 경

養則致其樂하고 病則致其憂하고
양 즉 치 기 락   병 즉 치 기 우

喪則致其哀하고 祭則致其嚴이니라⁸
상 즉 치 기 애   제 즉 치 기 엄

3

공자가 말하였다.

"부모가 살아 계실 때에는 멀리 떠나 있지 말아야 하며, 떠나 있을 경우에는 반드시 행방이 있어야 하느니라."

子曰 父母在어시든 不遠遊⁹하며 遊必有方¹⁰이니라¹¹
자 왈 부 모 재   불 원 유   유 필 유 방

4

공자가 말하였다.

"아버지가 명하여 부르시거든 속히 대답하고 느리게 대답하지 말며, 음식

6 거(居): 평소에 거처하다.
7 치(致): 다하다, 지극하게 하다.
8 이 말은 『효경(孝經)·기효행장(紀孝行章) 제10』에 나온다.
9 원유(遠遊): 멀리 떠나 있음.
10 방(方): 방향, 지역, 처소 등의 의미.
11 이 말은 『논어(論語)·이인(里仁)』에 나온다.

이 입에 있거든 그것을 뱉고 달려가야 하느니라."

子曰 父命召어시든 唯而不諾[12]하고 食在口則吐[13]之니라[14]
자 왈 부 명 소   유 이 불 락   식 재 구 즉 토   지

5

태공이 말하였다.

"내가 부모에게 효도하면 자식 또한 효도하나니, 내 자신이 이미 부모에
게 효도하지 않았는데 자식이 어찌 나에게 효도하리오."

太公曰 孝於親이면 子亦孝之하나니 身旣不孝면 子何孝焉[15]이리오
태 공 왈 효 어 친   자 역 효 지   신 기 불 효   자 하 효 언

6

부모에게 효도하고 순종하는 사람은 또한 효도하고 순종하는 자식을 낳
을 것이요, 불효하고 거역하는 사람은 또한 불효하고 거역하는 자식을 낳는
다. 믿지 못하겠거든, 저 처마 끝에 떨어지는 물을 보아라. 한 방울 한 방울

12 유(唯)는 빨리 대답하는 경우, 락(諾)은 천천히 대답하는 경우를 말한다.
13 토(吐): 토하다, 뱉다.
14 이 말은 『예기(禮記)·옥조(玉藻)』에 나온다.
15 언(焉): 어조사, 문장의 끝에서 의문을 나타냄.

뚝뚝 떨어짐이 어긋나고 벗어남이 없느니라.

孝順[16]은 還[17]生孝順子요
효 순   환 생 효 순 자

忤逆[18]은 還生忤逆兒하나니
오 역   환 생 오 역 아

不信커든 但看簷頭水[19]하라
불 신   단 간 첨 두 수

點點滴滴[20]不差移니라
점 점 적 적 불 차 이

16 효순(孝順): 효도하고 순종함.
17 환(還): 또한.
18 오역(忤逆): 불효하고 거스름.
19 첨두수(簷頭水): 처마 끝에서 떨어지는 물.
20 점점적적(點點滴滴): 점점(點點)은 한 방울 한 방울의 의미, 적적(滴滴)은 물방울 등이 뚝뚝 떨어지는 모양.

제5장

정기편(正己篇)

자신을 올바르게 한다

1

『성리서』에서 말하였다.

"남의 좋은 면을 보고는 자기의 좋은 점을 찾고, 남의 좋지 않은 면을 보고는 자기의 좋지 않은 점을 찾을 것이니, 이와 같이 해야 비로소 유익함이 있느니라."

性理書云 見人之善而尋^{1}己之善하고
성 리 서 운　견 인 지 선 이 심 기 지 선

見人之惡而尋己之惡이니
견 인 지 악 이 심 기 지 악

如此^{2}라야 方^{3}是有益이니라
여 차　　방 시 유 익

2

『경행록』에서 말하였다.

"대장부는 마땅히 남의 잘못을 포용할지언정, 남에게 잘못을 용서 받는 사람이 되어서는 안 되느니라."

---

1 심(尋): 찾다, 생각하다.
2 여차(如此): 이와 같이.
3 방(方): 바야흐로, 비로소.

景行錄云 大丈夫 當容人[4]이언정 無爲人所容[5]이니라
경 행 록 운 대 장 부 당 용 인   무 위 인 소 용

3

태공이 말하였다.

"자기를 귀하게 여기고서 남을 천하게 여기지 말고, 자기를 크게 여기고
서 남(의 작은 것)을 업신여기지 말며, 용맹을 믿고서 적을 가볍게 여기지 말지
니라."

太公曰 勿以貴己而賤人하고
태 공 왈 물 이 귀 기 이 천 인

　　勿以自大而蔑小[6]하고
　　물 이 자 대 이 멸 소

　　勿以恃勇而輕敵이니라[7]
　　물 이 시 용 이 경 적

4　용인(容人): 포용하다, 다른 사람의 결점이나 잘못 등을 포용하다.

5　爲A所B: A에 의하여 B하여지는 바가 되다(피동). "남을 미워하기 좋아하는 사람은 또한 남에게 미움
　을 받는다(好憎人者亦爲人所憎)."(『설원(說苑)』)

6　멸소(蔑小): 소(小)를 인(人) 즉 남으로 보는 것이 좋다. 즉 남을 업신여기다.

7　어떤 판본에는 "太公曰 勿以己貴而賤人, 勿以己高而卑人; 勿恃智以愚人, 勿恃勇而輕敵"으로 되어 있다.

4

마원이 말하였다.

"남의 허물을 듣거든 부모의 이름을 듣는 것처럼 하여, 귀로 들을 수는 있을지언정 입으로 말해서는 안 되느니라."

馬援曰 聞人之過失이어든　　如聞父母之名하여
마 원 왈 문 인 지 과 실　　　　여 문 부 모 지 명
耳可得聞이언정　　　　　　　□不可言也니라
이 가 득 문　　　　　　　　　　구 불 가 언 야

5

소강절 선생이 말하였다.

"남의 비방을 들을지라도 성내지 말며, 남의 칭찬을 들을지라도 기뻐하지 말며, 남의 악행을 들을지라도 동조하지 말며, 남의 선행을 들으면 나아가 함께하고 또 따라서 기뻐할지니라."

때문에 그 시에 말하였다.

"선한 사람 보는 것을 즐거워하며, 선한 일 듣는 것을 즐거워하며, 선한 말 하는 것을 즐거워하며, 선한 뜻 행하는 것을 즐거워하며, 남의 악행을 보거든 마치 가시를 몸에 진 것처럼 여기고, 남의 선행을 듣거든 마치 향초를 찬 것처럼 해야 하느니라."

康節邵先生曰 聞人之謗이라도 未嘗[8]怒하며
강 절 소 선 생 왈　문 인 지 방　　미 상 노

聞人之譽라도　未嘗喜하며
문 인 지 예　　미 상 희

聞人之惡이라도 未嘗和하며
문 인 지 악　　미 상 화

聞人之善이면　則就而和之하고
문 인 지 선　　즉 취 이 화 지

又從而喜之하라
우 종 이 희 지

故其詩曰 樂見善人하며　樂聞善事하며
고 기 시 왈　낙 견 선 인　　낙 문 선 사

樂道善言하며　樂行善意하고
낙 도 선 언　　낙 행 선 의

聞人之惡이어든 如負芒刺하며
문 인 지 악　　　여 부 망 자

聞人之善이어든 如佩蘭蕙니라
문 인 지 선　　　여 패 란 혜

6

　나의 좋은 점을 말해 주는 사람은 나의 적이요, 나의 좋지 않은 점을 말해
주는 사람은 나의 스승이니라.

8　미상(未嘗): 일찍이 ~하지 않다.

道^{9}吾善^{10}者는 是吾賊이요 道吾惡^{11}者는 是^{12}吾師니라
도 오 선 자 시 오 적 　 도 오 악 자 시 오 사

7

태공이 말하였다.

"근면은 값을 매길 수 없는 보배가 되고, 신중은 몸을 지켜주는 부적이니라."

太公曰 勤爲^{13}無價之寶요 愼是護身之符니라
태 공 왈 근 위 무 가 지 보 　 신 시 호 신 지 부

8

『경행록』에서 말하였다.

"삶을 보전하려는 사람은 욕심을 적게 하고, 몸을 보전하려는 사람은 명성을 피해야 하니, 욕심을 없게 하기는 쉬우나 명성을 없게 하기는 어려우니라."

9   도(道): 말하다.
10   선(善): 좋은 점, 장점.
11   악(惡): 좋지 못한 점, 나쁜 점, 단점.
12   A시(是)B: A는 B이다.
13   A위(爲)B: A는 B가 된다.

景行錄曰 保生者는 寡慾하고
경 행 록 왈 보 생 자 과 욕

保身者는 避名이니
보 신 자 피 명

無慾은 易나 無名은 難이니라
무 욕 이 무 명 난

9

공자가 말하였다.

"군자가 세 가지 경계할 것이 있으니, 나이가 어릴 때는 혈기가 안정되지 않았기 때문에 여색을 경계해야 하고, 장성하여서는 혈기가 바야흐로 굳세기 때문에 다툼을 경계해야 하고, 노쇠하여서는 혈기가 이미 쇠한지라 탐욕을 경계해야 하느니라."

子曰 君子有三戒하니
자 왈 군 자 유 삼 계

小之時엔   血氣未定이라 戒之在色하고
소 지 시   혈 기 미 정   계 지 재 색

及其壯也하얀 血氣方剛이라 戒之在鬪하고
급 기 장 야   혈 기 방 강   계 지 재 투

及其老也하얀 血氣旣衰라   戒之在得[14]이니라[15]
급 기 로 야   혈 기 기 쇠   계 지 재 득

---

14 득(得): 금문(金文)의 '득(得)' 자는 손에 재화를 가지고 있는 모습이다. 이로써 획득, 얻음의 의미를 가지게 되었다. 또한 본래는 없었지만 쟁취하여 자기 것으로 만드는 것을 의미한다.
15 이 말은 『논어(論語) · 계씨(季氏)』에 나온다.

10

손진인의 양생명[16]에서 말하였다.

"분노가 심하면 기를 심하게 손상하며, 생각이 많으면 정신을 크게 훼손하느니라. 정신이 피로하면 마음이 부림당하기 쉽고, 기운이 약하면 병이 함께 일어나느니라. 슬픔과 기쁨을 극도로 하지 말고, 마시고 먹는 것을 잘 조절하며, 밤에 취하는 것을 재삼 금해야 하고, 새벽에 성내는 것을 제일 경계해야 한다."

孫眞人 養生銘云 怒甚偏[17]傷氣요 思多太損神이라
손 진 인 양 생 명 운 노 심 편   상 기   사 다 태 손 신

神疲心易役[18]이요 氣弱病相因이라
신 피 심 이 역   기 약 병 상 인

勿使悲歡極하고 當令飮食均[19]하며
물 사 비 환 극   당 령 음 식 균

再三防夜醉하고 第一戒晨嗔[20]하라
재 삼 방 야 취   제 일 계 신 진

---

16 양생명(養生銘): 양생(養生)에 관한 글. 명(銘)은 문체의 일종으로, 자기 옆에 놓고 아침 저녁으로 바라보며 생활과 행동의 길잡이로 삼는 명언이나 격언을 말함.
17 편(偏): 정도를 나타냄. 매우, 가장, 특히.
18 역(役): 부리다, 지배하다.
19 균(均): 조화롭게 하다. 조절하다.
20 진(嗔): 성내다.

11

『경행록』에서 말하였다.

"음식이 담박하면 정신이 맑고, 마음이 맑으면 숙면에 들어 편안하느니라."

景行錄曰 食淡精神爽[21]이요 心淸[22]夢寐[23]安이니라
경 행 록 왈 식 담 정 신 상　　　심 청 몽 매 　안

12

마음을 안정시켜 만물에 대응해 가면, 비록 글을 읽지 않는다 하더라도 덕 있는 군자가 될 수 있느니라.

定心應物하면 雖不讀書라도 可以爲有德君子니라
정 심 응 물　　　수 부 독 서　　　가 이 위 유 덕 군 자

21 상(爽): 맑다.
22 청(淸): 안정(安靜)되다, 깨끗하다.
23 몽매(夢寐): 숙면 상태에 처함.

13

『근사록』에서 말하였다.

"분노를 경계하기를 불 끄듯이 하고, 욕망을 막기를 물 막듯이 하라."

近思錄云 懲忿을 如救火하고 窒慾을 如防水하라
근 사 록 운 징 분   여 구 화   질 욕   여 방 수

14

『이견지』에서 말하였다.

"여색 피하기를 원수 피하듯 하고, 바람 피하기를 화살 피하듯이 하며, 빈속에 차를 마시지 말고, 한밤중에는 밥을 적게 먹어라."

夷堅志云 避色을 如避讐하고 避風을 如避箭하며
이 견 지 운 피 색   여 피 수   피 풍   여 피 전

莫喫空心茶[24]하고 少食中夜飯[25]하라
막 끽 공 심 다   소 식 중 야 반

---

24 공심다(空心茶): 빈속에 마시는 차.
25 중야반(中夜飯): 한밤중에 먹는 밥.

15

순자가 말하였다.

"쓸데없는 논변과 급하게 살필 필요가 없는 일은 내버려두고 다스리지 말라."

荀子曰 無用之辯과 不急之察²⁶을 棄而勿治하라²⁷
순 자 왈 무 용 지 변   불 급 지 찰   기 이 물 치

16

공자가 말하였다.

"뭇사람이 좋아할지라도 반드시 살펴야 하며, 뭇사람이 미워할지라도 반드시 살펴야 하느니라."

子曰 衆好之라도 必察焉하며 衆惡之라도 必察焉이니라²⁸
자 왈 중 호 지   필 찰 언   중 오 지   필 찰 언

17

술 마시는 중에 다른 사람의 시비(是非)나 호오(好惡)를 말하지 않는 사람은

---

26 불급지찰(不急之察): 급하게 살피지 않아도 될 일.
27 이 말은 『순자(荀子)·천론(天論)』에 나온다.
28 이 말은 『논어(論語)·위령공(衛靈公)』에 나온다.

참나운 군사요, 재물에 있어서 분녕한 사람은 대상부이니라.

酒中不語_는 眞君子_요 財上分明_은 大丈夫_{니라}
주 중 불 어 　 진 군 자 　 재 상 분 명 　 대 장 부

18
만사에 너그러움을 따르면, 그 복이 절로 두터워지느니라.

萬事從寬²⁹_{이면} 其福自厚_{니라}
만 사 종 관 　 　 기 복 자 후

19
태공이 말하였다.
"남을 저울질하려거든 먼저 자신을 저울질해야 하느니라. 남에게 상처주는 말은 도리어 자신에게 상처가 되니, 피를 머금어 남에게 뿜으면 제 입을 먼저 더럽히느니라."

太公曰 欲量³⁰他人_{이어든} 先須自量_{하라}
태 공 왈 욕 량 　 타 인 　 　 선 수 자 량

29 종관(從寬): 너그러움을 따름.
30 양(量): 저울질하다.

傷人之語는　還³¹是自傷이니
상 인 지 어　환　시 자 상

含血噴³²人이면　先汚其口니라
함 혈 분　인　선 오 기 구

20

무릇 오락은 이로움이 없고, 오직 근면만이 보람이 있느니라.

凡戲³³無益이요　惟勤有功³⁴이니라
범 희　무 익　유 근 유 공

21

태공이 말하였다.

"외밭에 신을 들여 놓지 말고, 오얏나무 아래에서 갓을 고쳐 쓰지 말라."

太公曰　瓜田에　不納履하고　李下에　不正冠이니라
태 공 왈　과 전　불 납 리　이 하　부 정 관

31 환(還): 도리어, 또한.
32 분(噴): 뿜다.
33 희(戲): 오락, 유희.
34 공(功): 공로, 보람.

22

『경행록』에서 말하였다.

"마음은 편안할 수 있을지언정, 육체를 수고롭게 하지 않을 수 없다. 도는 즐길 수 있을지언정, 신체를 걱정하지 않을 수 없다. 육체를 수고롭게 하지 않으면 게을러져서 무너지기 쉽고, 신체를 걱정하지 않으면 주색에 빠져 안정되지 못한다. 때문에 편안함은 수고로움에서 생겨 항상 머무름이 있어야 하고, 즐거움은 걱정하는 데서 생겨 욕심껏 누림이 없어야 한다. 마음과 도의 편안함과 즐거움을 추구할 때, 어찌 (육체와 신체의) 걱정과 수고로움을 잊을 수 있겠는가."

景行錄曰 心可逸이언정 形不可不勞요
경 행 록 왈 심 가 일 　 형 불 가 불 로

道可樂이언정 身不可不憂니
도 가 락 　 심 불 가 불 우

形不勞면 　 則怠惰易弊하고
형 불 로 　 즉 태 타 이 폐

身不憂면 　 則荒淫不定이라
신 불 우 　 즉 황 음 부 정

故로 逸生於勞而常休하고
고 　 일 생 어 로 이 상 휴

樂生於憂而無厭[35]하나니
낙 생 어 우 이 무 염

---

35 염(厭): 이 글자는 견(犬)·육(肉)·감(甘) 세 부분이 합쳐진 회의(會意) 글자이다. 배부름·만족을 나타낸다. 본 문장에서는 욕망을 마음껏 충족함.

逸樂者는 憂勞를 其可忘乎아
일 락 자 우 로 기 가 망 호

23

귀로는 남의 그릇된 점을 듣지 않고, 눈으로는 남의 결점을 보지 않고, 입
으로는 남의 허물을 말하지 않아야 군자에 가까우니라.

耳不聞人之非하고 目不視人之短하고
이 불 문 인 지 비　　목 불 시 인 지 단

口不言人之過라야 庶幾³⁶君子니라
구 불 언 인 지 과　서 기　군 자

24

채백개가 말하였다.

"기쁨과 노여움이 마음속에 있고, 말은 입에서 나오니 삼가지 않을 수 없
느니라."

蔡伯喈曰 喜怒는 在心하고 言出於口하나니 不可不愼이니라
채 백 개 왈 희 로　재 심　언 출 어 구　　불 가 불 신

36 서기(庶幾): 거의 ~에 가깝다.

25

재여가 낮잠을 자거늘, 공자가 말하였다.

"썩은 나무에는 조각할 수 없고, 썩은 흙으로 쌓은 담장에는 흙손질할 수
없느니라."

宰予晝寢이어늘 子曰[37]朽木은 不可雕也요
재 여 주 침　　　자 왈　후 목　불 가 조 야

糞土[38]之墻은 不可圬[39]也니라[40]
분 토　 지 장　불 가 오　　야

26

자허원군이 마음을 참되게 밝혀주는 글에서 말하였다.

"복은 청렴과 검소한 데서 생기고, 덕은 공손과 겸양에서 생기고, 도(道)는
안정과 평정에서 생기고, 명(命)은 온화와 화락에서 생기고, 우환은 욕심이
많은 데서 생기고, 화는 탐욕이 많은 데서 생기고, 잘못은 경시하고 교만한
데서 생기고, 죄는 어질지 못한 데서 생긴다.

눈을 경계하여 다른 사람의 잘못을 보지 말고, 입을 경계하여 다른 사람의
단점을 말하지 말고, 마음을 경계하여 스스로 탐욕과 분노를 일으키지 말며,

37 휴목(朽木): 썩은 나무.
38 분토(糞土): 더러운 흙, 썩은 흙.
39 오(圬): 흙손질하다.
40 이 말은 『논어(論語)·공야장(公冶長)』에 나온다.

몸을 경계하여 악한 무리를 따르지 말라. 이롭지 않은 말은 함부로 말하지 말고, 자기에게 관계없는 일은 함부로 하지 말라. 군왕을 존중하고 부모에게 효도하며, 윗 사람을 공경하고, 덕 있는 사람을 받들며, 어진 사람과 어리석은 사람을 분별하고 무지한 사람을 너그럽게 대하고, 상대가 순리에 따라 오거든 물리치지 말고, 상대가 떠나거든 잡으려 하지말고, 자신이 아직 때를 만나지 못했거든 억지로 바라지 말고, 일이 이미 지나갔거든 생각하지 말라. 총명한 사람도 어두운 경우가 많고, 계산에 능한 사람도 이익을 잃는 경우가 있느니라. 남을 손상하면 결국 자기를 손상하고, 세력에 의존하면 화가 따르느니라. 마음을 경계해야 하고 기(氣)를 지켜야 하느니라. 절약하지 않으면 집안을 망치고, 청렴하지 않으면 지위를 잃느니라.

그대에게 평생을 두고 스스로 경계하기를 권하노니, 찬탄할 만하고 경계할 만하고 경외할 만하게 생각할지니라. 위에서는 하늘의 거울이 내려보고 있고, 아래에서는 땅의 신령이 살피고 있느니라. 밝은 곳에는 왕법이 서로 이어지고 어두운 곳에는 귀신이 따르고 있느니라. 오직 바른 것을 지키고 마음을 속이지 말 것이니, 경계하고 경계할 것이니라."

紫虛元君誠諭心文[41]曰
자 허 원 군 성 유 심 문 왈

福生於淸儉[42]하고   德生於卑退[43]하고
복 생 어 청 검   덕 생 어 비 퇴

---

41 성유심문(誠諭心文): 마음을 참되게 밝혀주는 글.
42 청검(淸儉): 청렴과 검소.
43 비퇴(卑退): 공손과 겸양.

道生於安靜⁴⁴하고
도 생 어 안 정

命生於和暢⁴⁵하고
명 생 어 화 창

憂生於多慾하고
우 생 어 다 욕

禍生於多貪하고
화 생 어 다 탐

過生於輕慢⁴⁶하고
과 생 어 경 만

罪生於不仁이니라
죄 생 어 불 인

戒眼하여 莫看他非하고
계 안   막 간 타 비

戒口하여 莫談他短하고
계 구   막 담 타 단

戒心하여 莫自貪嗔⁴⁷하고
계 심   막 자 탐 진

戒身하여 莫隨惡伴하라
계 신   막 수 악 반

無益之言을 莫妄說하고
무 익 지 언   막 망 설

不干己事를 莫妄爲하라
불 간 기 사   막 망 위

尊君王孝父母하고
존 군 왕 효 부 모

敬尊長奉有德하고
경 존 장 봉 유 덕

別賢愚恕無識하며
별 현 우 서 무 식

物⁴⁸順來而勿拒하고
물   순 래 이 물 거

物旣去而勿追하며
물 기 거 이 물 추

身未遇而勿望하고
신 미 우 이 물 망

事已過而勿思하라
사 이 과 이 물 사

聰明도 多暗昧요
총 명   다 암 매

算計도 失便宜⁴⁹니라
산 계   실 편 의

損人終自失이요
손 인 종 자 실

依勢禍相隨라
의 세 화 상 수

戒之在心하고
계 지 재 심

守之在氣라
수 지 재 기

---

44 안정(安靜): 안정과 평정.
45 화창(和暢): 온화와 화락.
46 경만(輕慢): 경솔과 교만.
47 탐진(貪嗔): 탐욕과 성냄.
48 물(物): 타인, 다른 사람.
49 실편의(失便宜): 실(失)은 잃다, 편의(便宜)는 이익.

爲不節而亡家하고
위 부 절 이 망 가

因不廉而失位니라
인 불 렴 이 실 위

勸君自警於平生하노니
권 군 자 경 어 평 생

可歎可警而可畏니라
가 탄 가 경 이 가 위

上臨之以天鑑하고
상 림 지 이 천 감

下察之以地祇[50]라
하 찰 지 이 지 기

明有王法相繼하고
명 유 왕 법 상 계

暗有鬼神相隨라
암 유 귀 신 상 수

惟正可守요
유 정 가 수

心不可欺니
심 불 가 기

戒之戒之하라
계 지 계 지

50 지기(地祇): 땅의 신령.

제6장

안분편(安分篇)

본분에 만족하며 자기를 지킨다

1

『경행록』에서 말하였다.

"만족할 줄 알면 즐거울 수 있고, 탐욕에 힘쓰면 근심하느니라."

景行錄云 知足可樂이요 務貪則憂니라
경 행 록 운 지 족 가 락　　무 탐 즉 우

2

만족할 줄 아는 사람은 빈천하더라도 즐겁고, 만족할 줄 모르는 사람은 부
귀하여도 근심하느니라.

知足者는 貧賤亦樂이요 不知足者는 富貴亦憂니라
지 족 자　　빈 천 역 락　　부 지 족 자　　부 귀 역 우

3

지나치게 생각하는 것은 단지 정신만을 상하게 할 뿐이요, 망령되게 행동
하는 것은 도리어 화를 부르게 되느니라.

濫想은 徒傷神이요 妄動은 反致禍니라
남 상　　도 상 신　　망 동　　반 치 화

4

만족할 줄 알아서 항상 만족하면 종신토록 욕되지 않고, 그칠 줄 알아서
항상 그치면 종신토록 부끄러움이 없느니라.

知足常足이면 終身不辱하고 知止常止[1]면 終身無恥니라
지 족 상 족   종 신 불 욕   지 지 상 지   종 신 무 치

5

『서경』에서 말하였다.

"자만은 손해를 부르고, 겸손은 이익을 받느니라."

書曰 滿招損하고 謙受益이니라[2]
서 왈 만 초 손   겸 수 익

6

『안분음』에서 말하였다.

"분수에 편안하니 몸에 욕됨이 없고, 기미를 아니 마음이 저절로 한가하
다. (이렇게 되면) 비록 인간 세상에 살지라도 인간 세상에서 벗어난 것이로다."

---

1 지(止): 지절(止節) 즉 절제, 억제의 의미로 해석할 수 있다. 욕구(망) 등을 절제함.
2 이 말은 『서경·대우모(大禹謨)』에 나온다.

安分吟曰 安分身無辱이요 知幾³心自閑이라
안 분 음 왈 안 분 신 무 욕　　지 기 심 자 한

雖居人世上이나 却是出人間이니라
수 거 인 세 상　　　각 시 출 인 간

7

공자가 말하였다.

"그 지위에 있지 않으면 그 정사를 도모하지 않느니라."

子曰 不在其位하얀 不謀其政이니라⁴
자 왈 부 재 기 위　　　불 모 기 정

3　지기(知機): 사물이 변화가 일어날 은미한 징조를 알다.
4　이 말은 『논어(論語)·태백(太伯)』에 나온다.

제7장

존심편(存心篇)

마음을 보존한다

1

『경행록』에서 말하였다.

"밀실에 앉아 있어도 마치 사통팔달의 대로에 있듯이 하고, 미세한 마음 제어하기를 여섯 필의 말을 부리듯이 하면 허물을 면할 수 있느니라."

景行錄云 坐密室을 如通衢[1]하고
경 행 록 운 좌 밀 실   여 통 구

馭寸心[2]을 如六馬면 可免過니라
어 촌 심   여 륙 마   가 면 과

2

「격양시」에서 말하였다.

"부귀를 재능으로 구할 수 있다면, 중니[3]도 젊은 나이에 마땅히 제후로 봉해졌을 것이리라. 세상 사람들은 하늘의 뜻을 알지 못하고 헛되이 심신을 한밤중에 고통받게 하는구나."

擊壤詩云 富貴를 如將智力求한대 仲尼年少合封侯라
격 양 시 운 부 귀   여 장 지 력 구   중 니 년 소 합 봉 후

世人은 不解靑天意하고 空使身心半夜愁니라
세 인   불 해 청 천 의   공 사 신 심 반 야 수

1 통구(通衢): 사통팔달의 대로.
2 촌심(寸心): 미세한 마음.
3 중니(仲尼): 공자의 자.

3

범충선공이 자제들을 훈계하여 말하였다.

"사람이 비록 지극히 어리석을지라도 남을 꾸짖는 데는 밝고, 비록 총명할지라도 자신을 용서하듯이 남을 용서하는 데는 어둡나니, 너희들은 다만 마땅히 남을 꾸짖는 마음으로 자기를 꾸짖고, 자신을 용서하는 마음으로 남을 용서하면 성현의 경지에 이르지 못함을 근심할 것이 없느니라."

范忠宣公이 戒子弟曰 人雖至愚나 責人則明하고
범 충 선 공　　계 자 제 왈　　　인 수 지 우　책 인 즉 명

雖有聰明이나 恕己⁴則昏이니
수 유 총 명　　　서 기　즉 혼

爾曹는 但當以責人之心으로 責己하고
이 조　　단 당 이 책 인 지 심　　책 기

恕己之心으로 恕人이면 則不患不到聖賢地位也니라
서 기 지 심　　　서 인　　즉 불 환 부 도 성 현 지 위 야

4

공자가 말하였다.

"총명하고 슬기롭더라도 어리석음으로 이를 지켜야 하고, 공적이 천하를 뒤덮을지라도 사양함으로 이를 지켜야 하고, 용맹함이 세상에 떨칠지라도 두려워함으로 이를 지켜야 하고, 부유함이 사해(四海)를 소유했다 할지라도 겸손함으로 이를 지켜야 하느니라."

---

4 서기(恕己): 서기급인(恕己及人), 즉 자신을 용서하듯이 다른 사람을 너그러이 용서하다.

子曰 聰明思睿[5]라도 守之以愚하고
자왈 총명사예   수지이우

功被天下라도 守之以讓하고
공 피 천 하   수 지 이 양

勇力振世라도 守之以怯하고
용 력 진 세   수 지 이 겁

富有四海라도 守之以謙이니라
부 유 사 해   수 지 이 겸

5

『소서』에서 말하였다.

"박하게 베풀고 후하게 바라는 자는 보답 받지 못하고, 부귀하게 되었을 때 빈천했던 때를 잊는 자는 오래 가지 못하느니라."

素書云 薄施厚望者는 不報하고 貴而忘賤者는 不久니라
소 서 운 박 시 후 망 자   불 보   귀 이 망 천 자   불 구

6

은혜를 베풀거든 보답을 구하지 말고, 남에게 베풀었거든 후회하지 말지니라.

---

5   총명사예(聰明思睿): 총(聰)은 듣는 것이 밝음, 명(明)은 보는 것이 밝음, 사(思)는 사고가 치밀함. 예(睿)는 물정에 통달함을 말함.

施恩_{이어든} 勿求報_{하고} 與人_{이어든} 勿追悔⁶_{하라}
시 은　　물 구 보　　여 인　　물 추 회

7

손사막이 말하였다.

"담력은 크게 가져야 하지만 마음은 조심해야 하고, 지식은 통달해야 하지만 행동은 방정해야 하느니라."

孫思邈曰 膽欲大而心欲小_{하고} 智欲圓而行欲方_{이니라}
손 사 막 왈　담 욕 대 이 심 욕 소　　　지 욕 원 이 행 욕 방

8

생각은 싸움에 임하는 날처럼 하고, 마음은 항상 다리를 건너는 때와 같이 가져야 하느니라.

念念要如臨戰日_{하고} 心心常似過橋時_{니라}
염 념 요 여 임 전 일　　심 심 상 사 과 교 시

6　추회(追悔): 후회하다.

9

법을 두려워하면 매일 즐겁지만, 공무(公務)를 속이면 날마다 근심하느니라.

懼法朝朝[7]樂이요 欺公[8]日日憂니라
구 법 조 조 락　　기 공 일 일 우

10

주문공이 말하였다.

"입 지키기를 병(甁)을 막듯이 하고, 사심(私心) 막기를 성(城)을 방어하듯이 하라."

朱文公曰 守口如甁하고 防意[9]如城하라
주 문 공 왈 수 구 여 병　　　방 의 여 성

11

마음이 남에게 부끄럽지 않으면, 얼굴에는 부끄러운 기색이 없느니라.

---

7 조조(朝朝): 매일.
8 공(公): 공적인 일, 국가의 일.
9 방의(防意): 방(防)은 막다, 의(意)는 사심.

心不負人[10]이면 面無慙色[11]이니라
심 불 부 인   면 무 참 색

12

사람은 백 살을 사는 사람이 없건만 부질없이 천 년의 계획을 세우느니라.

人無百歲人이나 枉作千年計니라
인 무 백 세 인   왕 작 천 년 계

13

구래공이 「여섯 가지 후회하는 일을 경계하는 글」에서 말하였다.

"관리가 부정한 짓을 하면 관직을 잃은 뒤 후회하고, 부유할 때 절약하지 않으면 가난해진 뒤 후회하고, 재주를 젊었을 때 배우지 않으면 때가 지난 뒤 후회하고, 일을 보고 배우지 않으면 쓸 때가 된 뒤 후회하고, 술에 취한 뒤에 망언하면 깨어난 뒤 후회하고, 건강할 때에 잘 보양하지 못하면 병이 난 뒤 후회하느니라.

---

10 부(負): 부끄럽다.
11 참색(慙色): 부끄러운 기색, 안색.

寇萊公 六悔銘云 官行私曲[12]失時悔요
구 래 공 육 회 명 운 관 행 사 곡 실 시 회

富不儉用貧時悔요
부 불 검 용 빈 시 회

藝不少學過時悔요
예 불 소 학 과 시 회

見事不學用時悔요
견 사 불 학 용 시 회

醉後狂言醒時悔요
취 후 광 언 성 시 회

安不將息[13]病時悔니라
안 불 장 식 병 시 회

14

『익지서』에서 말하였다.

"차라리 근심걱정 없이 집이 가난할지언정 근심걱정하며 집이 부유하지 말 것이요, 차라리 근심걱정 없이 초가집에 살지언정 근심걱정하며 좋은 집에서 살지 말 것이요, 차라리 질병 없이 거친 밥을 먹고 살지언정 병이 나서 좋은 약을 먹지 말지니라."

益智書云 寧無事而家貧이언정 莫有事而家富요
익 지 서 운 영 무 사 이 가 빈 막 유 사 이 가 부

寧無事而住茅屋이어정 不有事而住金屋이요
영 무 사 이 주 모 옥 불 유 사 이 주 금 옥

寧無病而食麤飯이언정 不有病而服良藥이니라
영 무 병 이 식 추 반 불 유 병 이 복 량 약

---

12 사곡(私曲): 공정하지 못함.
13 장식(將息): 보양, 휴식, 보호.

15

마음이 편안하면 초가집도 평온할 것이요, 성정이 안정되면 나물국도 향
기로우니라.

心安茅屋穩이요 性定菜羹香이니라
심 안 모 옥 온   성 정 채 갱 향

16

『경행록』에서 말하였다.

"남을 책망하는 자는 우의(友誼)를 온전히 유지하지 못하고, 자기 과오를
관대하게 넘어가는 자는 허물을 고치지 못하니라."

景行錄云 責人者는 不全交[14]요 自恕[15]者는 不改過니라
경 행 록 운 책 인 자   불 전 교   자 서   자   불 개 과

17

아침에 일찍 일어나서 밤에 잠들 때까지 충효를 생각하는 사람은 설사 남
들이 알아주지 않더라도 하늘은 반드시 그를 알 것이요, 배불리 먹고 따뜻하

---

14 전교(全交): 우정을 유지하다, 사귐을 온전히 하다.
15 자서(自恕): 자기 과실에 대해서 관대하다.

게 입고 안락하게 제 몸만 지키는 자는 몸은 비록 편안하나 그 자손은 어찌
할꼬.

夙興夜寐하여 所思忠孝者는
숙 흥 야 매   소 사 충 효 자

人不知나   天必知之요
인 부 지   천 필 지 지

飽食煖衣하여 怡然[16]自衛者는
포 식 난 의   이 연   자 위 자

身雖安이나   其如子孫何오
신 수 안   기 여 자 손 하

18

처자를 사랑하는 마음으로 어버이를 섬긴다면 효도를 극진히 하는 것이
요, 부귀를 보전하려는 마음으로 임금을 받든다면 어느 곳에 가더라도 충성
스럽지 않음이 없을 것이요, 남을 꾸짖는 마음으로 자기를 꾸짖는다면 허물
이 적을 것이요, 자기를 용서하는 마음으로 남을 용서한다면 우의를 보전할
수 있느니라.

以愛妻子之心으로 事親이면 則曲盡其孝요
이 애 처 자 지 심   사 친   즉 곡 진 기 효

以保富貴之心으로 奉君이면 則無往不忠이요
이 보 부 귀 지 심   봉 군   즉 무 왕 불 충

16 이연(怡然): 편안하다, 안락하다.

以責人之心으로　責己면　則寡過요
이 책 인 지 심　　책 기　　즉 과 과

以恕己之心으로　恕人이면　則全交니라
이 서 기 지 심　　서 인　　즉 전 교

19

그대의 도모가 훌륭하지 못하면 후회마저 어찌 미칠 수 있으며, 그대의 소견이 훌륭하지 못하면 가르침이 어찌 유익할 수 있으리오. 이익 추구하는 마음이 전일하면 도에 어그러지고, 사사로운 뜻이 확고하면 공정한 마음을 없어지게 하느니라.

爾謀不臧이면　悔之何及이며
이 모 부 장　　회 지 하 급

爾見不長이면　教之何益이리요
이 견 부 장　　교 지 하 익

利心專이면　則背道요
이 심 전　　즉 배 도

私意確이면　則滅公이니라
사 의 확　　즉 멸 공

20

일을 만들면 일이 생기고, 일을 줄이면 일이 덜어지느니라.

生事事生이요　省事事省이니라
생 사 사 생　　생 사 사 생

제8장

계성편(戒性篇)

심성의 방종을 경계한다

1

『경행록』에서 말하였다.

"사람의 본성은 물과 같으니 물이 한 번 뒤집히면 되담을 수 없고, 본성이 한 번 방종해지면 되돌릴 수 없으니, 물을 막으려는 경우 반드시 제방으로 해야 하고, 본성을 제어하려는 경우 반드시 예법으로 해야 하느니라."

景行錄云 人性이 如水하여 水一傾則不可復이요 性一縱則不可反이니
경 행 록 운 인 성   여 수   수 일 경 즉 불 가 복   성 일 종 즉 불 가 반

制水者는 必以堤防하고 制性者는 必以禮法이니라
제 수 자   필 이 제 방   제 성 자   필 이 례 법

2

한순간의 분함을 참으면 여러 날의 근심을 면할 수 있느니라.

忍一時之忿이면 免百日之憂니라
인 일 시 지 분   면 백 일 지 우

3

마땅히 참아야 한다면 또한 참아야 하고, 마땅히 경계해야 한다면 또한 경계해야 한다. 참지 못하고 경계하지 않으면 작은 일이 크게 되느니라.

得¹忍且忍하고 得戒且戒하라
득 인 차 인　　득 계 차 계

不忍不戒면 小事成大니라
불 인 불 계　　소 사 성 대

4

　우매하고 어두운 자가 성을 내는 것은 모두 이치를 통달하지 못하기 때문이다. 마음속에 화를 더하지 말고 다만 귓전을 스치는 바람결로 여겨라. 개인의 장단점은 누구에게나 있는 법이요, 세상 인정의 후함과 박함은 어느 곳에서나 같으니라. 옳고 그름이란 실상(實相)이 없어서 결국에는 모두 헛것이 되느니라.

愚濁²生嗔怒³는 皆因理不通이라
우 탁 생 진 노　　개 인 리 불 통

休⁴添心⁵上火하고 只作耳邊風하라
휴 첨 심 상 화　　지 작 이 변 풍

長短은 家家⁶ 有요 炎涼⁷은 處處同이라
장 단 가 가 유　　염 량 처 처 동

1　득(得): 마땅히 ~해야 한다.
2　우탁(愚濁): 우매하고 어둡다.
3　진노(嗔怒): 성을 내다.
4　휴(休): ~하지 말라.
5　심상(心上): 마음속, 내면.
6　가가(家家): 사람마다.
7　염량(炎涼): 세상 인정의 후함과 박함.

是非無實相하여 究竟²摠⁹成空이니라
시 비 무 실 상   구 경 총 성 공

5

자장이 떠나려 할 때 공자에게 하직을 고하면서, "원컨대 한 말씀하여 주
시면 몸을 닦는 미덕으로 삼고자 합니다"라고 하자, 공자가 말하였다. "모든
행실의 근본은 참는 것이 그 으뜸이 되느니라." 자장이 "참으면 어찌 되는 것
입니까?"라고 하자, 공자가 말하였다. "천자가 참으면 나라에 해가 없고, 제
후가 참으면 그 대업을 이루고, 관리가 참으면 그 지위에 나아가고, 형제 간
에 참으면 집안이 부귀하고, 부부 간에 참으면 일생을 (함께) 마칠 수 있고, 친
구 간에 참으면 명성이 없어지지 않고, 자신이 참으면 재앙이 없느니라."

子張이 欲行에 辭於夫子할새
자 장   욕 행   사 어 부 자

願賜一言爲修身之美하노이다
원 사 일 언 위 수 신 지 미

子曰   百行之本이 忍之爲上이니라
자 왈   백 행 지 본   인 지 위 상

子張曰   何爲忍之닛고
자 장 왈   하 위 인 지

子曰   天子忍之면 國無害하고
자 왈   천 자 인 지   국 무 해

---

8 구경(究竟): 결국.
9 총(摠): 모두.

諸侯忍之면 成其大하고 官吏忍之면 進其位하고
제후인지 성기대 관리인지 진기위

兄弟忍之면 家富貴하고 夫妻忍之면 終其世하고
형제인지 가부귀 부처인지 종기세

朋友忍之면 名不廢하고 自身忍之면 無禍害니라
붕우인지 명불폐 자신인지 무화해

자장이 "참지 않으면 어찌 됩니까?"라고 하자, 공자가 말하였다. "천자가 참지 않으면 나라가 텅 비고, 제후가 참지 않으면 그 몸을 잃고, 관리가 참지 않으면 형법에 의하여 죽고, 형제가 참지 않으면 각각 헤어져 살고, 부부가 참지 않으면 자식을 부모 없게 만들고, 친구끼리 참지 않으면 우의가 소원해지고, 자신이 참지 않으면 근심이 덜어지지 않느니라."

자장이 말하였다. "좋고도 좋으신 말씀이로다. 참기 어렵고 참기 어려움이여! 사람이 아니라야 참지 못하고, 참지 못하면 사람이 아니로다."

子張曰 不忍則如何닛고
자장왈 불인즉여하

子曰 天子不忍이면 國空虛[10]하고 諸侯不忍이면 喪其軀하고
자왈 천자불인 국공허 제후불인 상기구

官吏不忍이면 形法誅하고 兄弟不忍이면 各分居하고
관리불인 형법주 형제불인 각분거

夫妻不忍이면 令子孤하고 朋友不忍이면 情意疎하고
부처불인 령자고 붕우불인 정의소

10 공허(空虛): 국가의 재정 등이 없어짐, 빈궁하게 됨.

白身不忍_{이면} 患不除_{니라}
자 신 불 인　　　환 부 제

子張曰 善哉善哉_라　難忍難忍_{이여} 非人不忍_{이요} 不忍非人_{이로다}
자 장 왈 선 재 선 재　　난 인 난 인　　비 인 불 인　　불 인 비 인

6

『경행록』에서 말하였다.

"자기를 굽히는 자는 중요한 지위에 처할 수 있고, 이기기를 좋아하는 자는 반드시 적을 만나느니라."

景行錄云 屈己者_는 能處重_{하고} 好勝者_는 必遇敵_{이니라}
경 행 록 운　굴 기 자　　능 처 중　　호 승 자　　필 우 적

7

악한 사람이 선한 사람을 꾸짖거든 선한 사람은 전연 대응하지 말라. 대응하지 않으면 마음이 맑으며 한가하나, 꾸짖는 자는 입이 뜨겁게 끓느니라. 마치 사람이 하늘에 침을 뱉으면 도로 자기 몸을 좇아서 떨어지는 것과 같으니라.

惡人_이 罵善人_{커든} 善人_은 摠不對_{하라}
악 인　매 선 인　　선 인　　총 부 대

不對_는 心淸閑_{이요} 罵者_는 口熱沸_{니라}
부 대　심 청 한　　매 자　구 열 비

正如人唾天하여　還從己身墜니라
정 여 인 타 천　　환 종 기 신 추

8

　내가 만약 다른 사람에게 꾸짖음을 당하더라도 귀먹은 체하고 시비를 가리지 말라. 비유하면, 불이 허공에서 타면 끄지 않더라도 저절로 꺼지는 것과 같다. 내 마음은 허공과 같으니 결국 그는 입술과 혀만 나불거릴 뿐이니라.

我若被人罵라도　伴聾[11]不分說[12]하라
아 약 피 인 매　　양 롱 불 분 설
譬如火燒空하여　不救自然滅이라
비 여 화 소 공　　불 구 자 연 멸
我心은 等虛空이어늘　搊爾飜脣舌이니라[13]
아 심　등 허 공　　총 이 번 순 설

9

　모든 일에 인정을 남겨 두면 뒷날에 서로의 만남이 좋게 되느니라.

凡事留人情이면　後來에 好相見이니라
범 사 류 인 정　　후 래　호 상 견

11　양롱(伴聾): 귀머거리인 체하다.
12　분설(分說): 설명하다, 시비를 가리다.
13　범립본(范立本)의 판본에는 7·8의 내용이 한 문장으로 되어 있음. 범립본의 판본을 이하에서 범본(范本)이라 칭함.

제9장

근학편(勤學篇)

배우기를 부지런히 한다

1

자하가 말하였다.

"배우기를 널리하고 뜻을 독실히 하며 묻기를 절실히 하고 생각을 가까이서 하면 어짊(仁)이 그 가운데 있느니라."

子曰 博學而篤志하고 切問而近思[1]면 仁在其中矣니라[2]
자 왈 박 학 이 독 지　　절 문 이 근 사　　인 재 기 중 의

2

장자가 말하였다.

"사람이 배우지 않음은 하늘에 오르려는데 재주가 없는 것과 같고, 배워서 지혜가 심원하면 상서(祥瑞)로운 구름을 헤치고 푸른 하늘을 보며 높은 산에 올라 사해(四海)를 바라보는 것과 같으니라."

莊子曰 人之不學은　如登天而無術하고
장 자 왈 인 지 불 학　　여 등 천 이 무 술

學而智遠이면　如披祥雲而覩青天하고
학 이 지 원　　여 피 상 운 이 도 청 천

1　근사(近思): 익히 알고 쉽게 볼 수 있는 것에 나아가 생각함, 자기가 미칠 수 있는 바의 일을 가까이서 생각함.
2　이 말은 『논어(論語)·자장(子張)』에 나온다. 『논어』에는 "자왈(子曰)"이 "자하왈(子夏曰)"로 되어 있다.

登高山而望四海니라
등 고 산 이 망 사 해

3

『예기』에서 말하였다.

"옥은 다듬지 않으면 그릇이 되지 못하고, 사람은 배우지 않으면 도(道)를 알지 못하느니라."

禮記曰 玉不琢이면 不成器하고
예 기 왈 옥 불 탁　　　불 성 기

人不學이면 不知道니라[3]
인 불 학　　　부 지 도

4

태공이 말하였다.

"사람이 일생에서 배우지 않으면 사리에 캄캄하여 밤중에 길을 가는 것과 같으니라."

太公曰 人生不學이면 冥冥[4]如夜行이니라
태 공 왈 인 생 불 학　　　명 명 여 야 행

3 이 말은 『예기(禮記)·학기(學記)』에 나온다.
4 명명(冥冥): 사람이 사리에 밝지 못함.

5

한문공이 말하였다.

"사람이 고금(古今)의 사리를 통달하지 못하면 마소가 사람의 옷을 입고 있는 것과 같으니라."

韓文公曰 人不通古今이면 馬牛而襟裾니라[5]
한 문 공 왈 인 불 통 고 금   마 우 이 금 거

6

주문공이 말하였다.

"집이 만약 가난하더라도 가난으로 인해서 배움을 폐해서는 안 되고, 집이 만약 부유하더라도 부유함을 믿고 배움을 게을리 해서는 안 된다. 가난하지만 배움에 부지런히 힘쓴다면 입신할 수 있을 것이요, 부유하지만 배움에 부지런히 힘쓴다면 이름이 빛날 것이니라. 오직 배운 사람이 훌륭해지는 것을 보았고, 배운 사람이 성취가 없음을 보지 못했다. 배움이란 자신의 보배요, 배운 사람은 세상의 보배이니라. 그러므로 배우면 군자가 되고 배우지 않으면 소인이 되니, 후세에 배우는 사람은 마땅히 각각 배움에 힘써야 하느니라."

5   이 말은 한유의 시 「부독서성남(符讀書城南)」에 나온다.

朱文公曰 家若貧이라도
주 문 공 왈 가 약 빈

不可因貧而廢學이요
불 가 인 빈 이 폐 학

家若富라도
가 약 부

不可恃富而怠學이니
불 가 시 부 이 태 학

貧若勤學이면
빈 약 근 학

可以立身이요
가 이 입 신

富若勤學이면
부 약 근 학

名乃光榮이니라
명 내 광 영

惟見學者顯達6이요
유 견 학 자 현 달

不見學者無成이니라
불 견 학 자 무 성

學者는 乃身之寶요
학 자 내 신 지 보

學者는 乃世之珍이니라
학 자 내 세 지 진

是故로 學則乃爲君子요
시 고 학 즉 내 위 군 자

不學則爲小人이니
불 학 즉 위 소 인

後之學者는
후 지 학 자

宜各勉之니라
의 각 면 지

7

휘종황제가 말하였다.

"배운 사람은 벼 같고 쌀 같으며, 배우지 않는 사람은 쑥 같고 풀 같도다. 벼 같고 쌀 같음이여! 나라의 좋은 양식이 되고 세상의 큰 보배가 되도다. 쑥 같고 풀 같음이여! 밭 가는 사람이 싫어하고 김 매는 사람이 괴로워하는 것이 되도다. 훗날에 벽을 마주한 것처럼 되었을 때 후회한들 이미 늦었도다."

6 현달(顯達): 지위가 높고 명성이 있음.

徽宗皇帝曰 學者는 如禾如稻하고 不學者는 如蒿如草로다
휘 종 황 제 왈 학 자   여 화 여 도   불 학 자   여 호 여 초

如禾如稻兮여 國之精糧이요 世之大寶로다
여 화 여 도 혜   국 지 정 량   세 지 대 보

如蒿如草兮여 耕者憎嫌하고 鋤者煩惱니라
여 호 여 초 혜   경 자 증 혐   서 자 번 뇌

他日面墻에   悔之已老로다
타 일 면 장   회 지 이 로

8

『논어』에서 말하였다.

"배우기는 미치지 못한 듯이 하고 또한 배운 것을 잃을까 두려워해야 할
지니라."

論語曰 學如不及이요 猶恐失之니라[7]
논 어 왈 학 여 불 급   유 공 실 지

---

7   이 말은 『논어(論語) · 태백(泰伯)』에 나온다.

제10장

훈자편(訓子篇)

자식 교육보다 중요한 것은 없다

1

『경행록』에서 말하였다.

"손님이 오지 않으면 가문이 속되어지고, 학문을 가르치지 않으면 자손이 어리석어지느니라."

景行錄云 賓客不來면　門戶俗하고
경 행 록 운 빈 객 불 래　　 문 호 속

詩書¹無教면　子孫愚니라
시 서 　무 교　　 자 손 우

2

장자가 말하였다.

"일이 비록 작더라도 하지 않으면 이루어지지 않고, 자식이 비록 재능이 있어도 가르치지 않으면 총명하지 못하느니라."

莊子曰 事雖小나 不作이면 不成이요 子雖賢이나 不教면 不明이니라
장 자 왈 사 수 소　 부 작　　 불 성　　 자 수 현　　 불 교　 불 명

1　시서(詩書): 원래는 『시경(詩經)』과 『서경(書經)』. 학문을 의미.

3

『한서』에서 말하였다.

"황금이 상자에 가득해도 자식에게 경서(經書) 한 권을 가르치는 것만 못하고, 자식에게 천금을 물려 준다 해도 자식에게 재주 한 가지를 가르치는 것만 못하느니라."

漢書云 黃金滿籯²이 不如敎子一經이요
한 서 운 황 금 만 영   불 여 교 자 일 경

賜³子千金이 不如敎子一藝니라
사 자 천 금   불 여 교 자 일 예

4

지극히 즐거운 것은 독서만한 것이 없고, 지극히 중요한 것은 자식 가르치는 것만한 것이 없느니라.

至樂은 莫如⁴讀書요 至要는 莫如敎子니라
지 락   막 여 독 서   지 요   막 여 교 자

2 영(籯): 광주리.
3 사(賜): 주다, 하사하다.
4 막여(莫如): ~만한 것이 없다.

5

여형공이 말하였다.

"안으로 현명한 부형이 없고 밖으로 엄한 스승과 벗이 없는데, 성취가 있을 수 있는 사람은 드무니라."

呂榮公曰 內無賢父兄하고 外無嚴師友요 而能有成者 鮮[5]矣니라
여 형 공 왈 내 무 현 부 형   외 무 엄 사 우   이 능 유 성 자 선   의

6

태공이 말하였다.

"남자가 가르침을 받지 못하면 자라서 반드시 완고하며 어리석게 되고, 여자가 가르침을 받지 못하면 자라서 반드시 거칠고 경솔하게 되느니라."

太公曰 男子失敎면 長必頑愚[6]하고
태 공 왈 남 자 실 교   장 필 완 우

女子失敎면 長必麤疎[7]니라
여 자 실 교   장 필 추 소

5 선(鮮): 드물다.
6 완우(頑愚): 완고하고 어리석음.
7 추소(麤疎): '麄疏'로도 씀, 데면데면하고 태만함, 거칠고 주밀하지 못함.

7

남자가 나이가 들거든 풍류나 술을 배우게 해서는 안 되고, 여자가 나이가 들거든 밖으로 쏘다니게 해서는 안 되느니라.

男年長大어든 莫習樂酒하고 女年長大어든 莫令遊走하라
남 년 장 대   막 습 악 주   여 년 장 대   막 령 유 주

8

엄한 아버지는 효자를 길러내고, 엄한 어머니는 효녀를 길러내느니라.

嚴父는 出孝子요 嚴母는 出孝女니라
엄 부   출 효 자   엄 모   출 효 녀

9

아이를 사랑하거든 매를 많이 들고, 아이를 미워하거든 먹을 것을 많이 주어라.

憐兒어든 多與棒하고 憎兒어든 多與食하라
연 아   다 여 봉   증 아   다 여 식

10

사람들은 모두 주옥을 좋아하지만, 나는 자손이 현명한 것을 좋아하느니라.

人皆愛珠玉이나 我愛子孫賢이니라
인 개 애 주 옥　　아 애 자 손 현

제11장

성심편·상(省心篇·上)

마음을 성찰한다

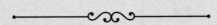

1

『경행록』에서 말하였다.

"보화는 쓰면 다함이 있지만, 충효는 누려도 다함이 없느니라."

景行錄云 寶貨는 用之有盡[1]이요
경 행 록 운 보 화　　용 지 유 진

忠孝는 享[2]之無窮[3]이니라
충 효　　향 지 무 궁

2

집안이 화목하면 가난해도 좋거니와, 의(義)롭지 못하면 부귀한들 무엇하랴. 다만 효도하는 자식 한 명이라도 둘 것이니, 어찌 자손이 많아야 하리오.

家和貧也好어니와 不義富如何오 但存一子孝니 何用[4]子孫多리오
가 화 빈 야 호　　불 의 부 여 하　　단 존 일 자 효　　하 용 자 손 다

3

부모가 근심하지 않음은 자식이 효도하기 때문이요, 남편이 고민이 없는

1　유진(有盡): 다함이 있다.
2　향(享): 누리다.
3　무궁(無窮): 다함이 없다.
4　하용(何用): 반문하는 말로 어찌 ~하리오, 반드시 ~할 필요는 없다.

것은 아내가 어질기 때문이다. 말이 많고 말을 실수함은 모두 술 때문이요,
의가 끊어지고 친함이 소원해지는 것은 오직 돈 때문이니라.

父不憂心⁵因子孝요 夫無煩惱是妻賢이라
부 불 우 심 인 자 효 　 부 무 번 뇌 시 처 현

言多語失皆因酒요 義斷親疎只⁶爲錢이니라
언 다 어 실 개 인 주 　 의 단 친 소 지 위 전

4

예사롭지 않은 즐거움을 얻었다면, 예측할 수 없는 근심을 방비해야 할 것
이니라.

旣取非常樂이어든 須防不測憂니라
기 취 비 상 락 　 　 수 방 불 측 우

5

총애를 얻거든 욕됨이 있을 것을 생각하고, 편히 지내고 있거든 위태함이
있을 것을 생각할 것이니라.

5 우심(憂心): 근심하는 마음, 마음 속에서 근심하다.
6 지(只): 다만, 단지, 오직.

得寵思辱하고 居安慮危니라
득 총 사 욕   거 안 려 위

6

영화가 가벼우면 욕됨은 얕고, 이익이 무거우면 해로움이 깊으니라.

榮輕辱淺하고 利重害深이니라
영 경 욕 천   이 중 해 심

7

지나치게 아끼면 반드시 큰 비용을 치르게 되고, 지나치게 칭찬하면 반드시 큰 헐뜯음이 따르며, 지나치게 기뻐하면 반드시 큰 근심을 가져오고, 지나치게 쌓아 두면 반드시 큰 잃음이 있게 된다.

甚[7]愛必甚費요 甚譽必甚毁요
심 애 필 심 비   심 예 필 심 훼

甚喜必甚憂요 甚藏必甚亡이니라[8]
심 희 필 심 우   심 장 필 심 망

7 심(甚): 심하다, 과도하다, 크다(大).
8 『도덕경』 44장에 "지나치게 아끼면 반드시 큰 비용이 들게 되고(甚愛必大費), 지나치게 쌓아 두면 반드시 크게 잃게 된다.(甚藏必厚亡)"는 말이 있다.

8

공자가 말하였다.

"높은 벼랑을 보지 않으면 어찌 굴러 떨어지는 환란을 알며, 깊은 우물에 임하지 않으면 어찌 빠질 환란을 알며, 거대한 바다를 보지 않으면 어찌 풍파의 환란을 알리오."

子曰 不觀高崖면　何以知顚墜之患이며
자 왈 불 관 고 애　　하 이 지 전 추 지 환

不臨深泉이면　何以知沒溺之患이며
불 림 심 천　　하 이 지 몰 닉 지 환

不觀巨海면　何以知風波之患이리오
불 관 거 해　　하 이 지 풍 파 지 환

9

미래를 알려거든 먼저 이미 이루어진 일을 살펴보라.

欲知未來인대 先察已然이니라
욕 지 미 래　　선 찰 이 연

10

공자가 말하였다.

"밝은 거울은 얼굴을 살피는 것이요, 지나간 일은 현재를 아는 것이니라."

子曰 明鏡은 所以察形이요 往古는 所以知今이니라
자 왈 명 경 소 이 찰 형 왕 고 소 이 지 금

11

과거 일은 밝기가 거울 같고, 미래 일은 어둡기가 칠흑과 같느니라.

過去事는 明如鏡이요 未來事는 暗似漆이니라
과 거 사 어 명 경 미 래 사 암 사 칠

12

『경행록』에서 말하였다.

"내일 아침 일을 땅거미가 질 때 반드시 그렇다고 단정할 수 없고, 저녁 때의 일을 해질 무렵에 반드시 그렇다고 단정할 수 없느니라."

景行錄云 明朝[9]之事를 薄暮에 不可必[10]이요
경 행 록 운 명 조 지 사 박 모 불 가 필

薄暮[11]之事를 晡時[12]에 不可必이니라
박 모 지 사 포 시 불 가 필

9 명조(明朝): 내일 아침.
10 가필(可必): 반드시 그렇다고 기필할 수 있다.
11 박모(薄暮): 해가 진 뒤 어스레한 동안, 땅거미.
12 포시(晡時): 오후 네시. 저녁 무렵, 해질 무렵.

13

하늘에는 예측할 수 없는 비바람이 있고, 사람에게는 아침저녁으로 화복(禍福)이 있느니라.

天有不測風雨하고 人有朝夕禍福이니라
천 유 불 측 풍 우　　인 유 조 석 화 복

14

석 자 깊이 흙 속으로 돌아가지 않고서 백년 동안 몸을 보전하기 어렵고, 이미 석 자 깊이 흙 속으로 돌아가더라도 백년 동안 무덤을 보전하기 어려우니라.

未歸三尺土하여는 難保百年身이요
미 귀 삼 척 토　　난 보 백 년 신

已歸三尺土하여는 難保百年墳이니라
이 귀 삼 척 토　　난 보 백 년 분

15

『경행록』에서 말하였다.

"나무를 잘 가꾸면 뿌리와 밑동이 튼튼하고 가지와 잎이 무성하여 동량(棟樑)의 재목이 되고, 물을 잘 관리하면 샘의 원천이 성대하고 흐름이 길어서 관개(灌漑)의 이로움이 넓고, 사람을 잘 도야시키면 지기(志氣)가 크고 식견이 밝이져서 충의(忠義)의 선비가 나온다. 기르지 않을 수 있겠는가?"

景行錄云
경행록 운

木有所養이면 則根本固而枝葉茂하여 棟樑之材成하고
목 유 소 양   즉 근 본 고 이 지 엽 무   동 량 지 재 성

水有所養이면 則泉源壯而流派長하여 灌漑之利博하고
수 유 소 양   즉 천 원 장 이 유 파 장   관 개 지 리 박

人有所養이면 則志氣大而識見明하여 忠義之士出이니
인 유 소 양   즉 지 기 대 이 식 견 명   충 의 지 사 출

可不養哉아
가 불 양 재

16

자신이 믿는 경우는 남도 또한 믿으니 오나라와 월나라와 같은 적국일지
라도 모두 형제처럼 될 수 있고, 자신이 의심하는 경우는 남도 또한 의심하
니 자신 이외는 모두 적국처럼 되느니라.

自信者는 人亦信之하여 吳越이 皆兄弟요
자 신 자   인 역 신 지   오 월   개 형 제

自疑者는 人亦疑之하여 身外에 皆敵國이니라
자 의 자   인 역 의 지   신 외   개 적 국

17

사람을 의심하거든 쓰지 말고, 사람을 쓰거든 의심하지 말지니라.

疑人莫用하고 用人勿疑니라
의 인 막 용　　　용 인 물 의

18

『풍간』[13]에서 말하였다.

"물 밑 고기나 하늘의 기러기는 높은 곳에 있지만 활을 쏘아 잡을 수 있고 낮은 곳에 있지만 낚아 잡을 수 있다. 오직 사람 마음은 지척간에 있지만 지척에 있는 사람 마음은 헤아릴 수 없느니라."

諷諫云 水底魚天邊雁은　高可射兮低可釣어니와
풍 간 운 수 저 어 천 변 안　　고 가 사 혜 저 가 조

惟有人心咫尺間에　咫尺人心不可料니라
유 유 인 심 지 척 간　　지 척 인 심 불 가 료

19

호랑이를 그리되 가죽은 그릴 수 있으나 뼈는 그리기 어렵고, 사람을 알되 얼굴은 알지만 마음은 알지 못하느니라.

畫虎畫皮難畫骨이요 知人知面不知心이니라
화 호 화 피 난 화 골　　지 인 지 면 부 지 심

13 풍간(諷諫): 완곡하고 에두른 언어로써 권계하여 잘못을 바로잡도록 함. 풍간을 책 이름으로 볼 경우, "『풍간』에서 말하였다."라고 할 수 있다. 그러나 『풍간』이 어떤 책인지는 자세하지 않다.

20

얼굴을 맞대고 함께 이야기는 하지만, 마음에는 수천 개의 산이 사이를 가로막고 있느니라.

對面共話하되 心隔千山이니라
대 면 공 화 　 심 격 천 산

21

바다는 마르면 마침내 그 바닥을 볼 수 있지만, 사람은 죽어도 그 마음을 알지 못하느니라.

海枯終見底나 人死不知心이니라
해 고 종 견 저 　 인 사 부 지 심

22

태공이 말하였다.

"무릇 사람은 모습으로 판단할 수 없고, 바닷물은 말(斗)로 헤아릴 수 없느니라."

太公曰 凡人은 不可逆相[14]이요 海水는 不可斗量[15]이니라[16]
태공왈범인 불가역상　해수　불가두량

23

『경행록』에서 말하였다.

"남과 원수를 맺는 것을 재앙을 심는다 하고, 선을 버리고 행하지 않는 것을 스스로 해치는 것이라 한다."

景行錄云 結怨於人을 謂之種禍요
경행록운 결원어인　위지종화

捨善不爲를 謂之自賊[17]이니라
사 선 불 위　위 지 자 적

---

14 역상(逆相): 범본(范本)에는 '모상(貌相)'으로 되어 있다. '모상'은 사람의 겉모습으로 판단하는 것이다. 이에 따라 해석한다.

15 두량(斗量): 말(斗, 용량의 단위)로 헤아림.

16 이 구절은 원래 『태공가교(太公家教)』 제5장에 나오는 말이다. 원문은 "凡人不可貌相. 海水不可斗量"으로 되어 있다. 『태공가교』는 중국에서 가장 오래된 齊家(집안 다스림)에 대한 격언집이다. 그 언어가 통속적이어서 장서가들이 이 책을 소장하는 데 관심을 두지 않았다. 역사서 및 총서 등에서도 이 책에 대한 언급이 적었다. 청(淸) 광서(光緒) 25년(1899)에 돈황석굴에서 당(唐)나라 사람의 필사본 1권(당나라 재상 姜公輔가 편찬)이 발견되었는데, 그것이 『명사석실일서(鳴沙石室佚書)』에 수록되어 영인되었다. 이 책에 『태공가교』가 수록되었는데, 4언 위주이고 총 2610자, 580구이다. 충효(忠孝)·인애(仁愛)·수신(修身)·학문에 부지런히 힘씀(勤學)의 사상으로 일관되어 있다.

17 자적(自賊): 스스로를 해침. 맹자(孟子)는 '남을 측은하게 여기는 마음(惻隱之心)', '부끄럽게 여기는 마음(羞惡之心)', '사양하는 마음(辭讓之心)', '옳고 그름을 아는 마음(是非之心)'의 네 가지가 각각 인(仁)·의(義)·예(禮)·지(智)의 발단(四端)이 된다고 하였다. 인간이면 누구나 사단(四端)을 가지고 있으며 개인이든 군주는 모두 이를 확충해야 한다고 하였다. 그것을 자각하지 못하고 인의를 행할 수 없다고 스스로 말하는 자를 '스스로를 해치는' 자적(自賊)이라고 하였다.

24

만약 한편의 말만 들으면, 곧 서로 갈라섬을 볼 것이니라.

若聽一面說이면 便¹⁸見相離別이니라
약 청 일 면 설   변 건 상 리 별

25

배부르고 따뜻하면 음욕(淫慾)을 생각하고, 굶주리고 추우면 도심(道心)을 일으키느니라.

飽煖¹⁹엔 思淫慾하고 飢寒²⁰엔 發道心²¹이니라
포 난   사 음 욕   기 한   발 도 심

26

소광이 말하였다.

"어질면서 재물이 많으면 그 뜻을 손상하고, 어리석으면서 사람이 재물이 많으면 그 허물을 더 하느니라."

---

18 약(若)~변/즉(便/則): 만약 ~라면.
19 포난(飽煖): 배부르게 먹고 따뜻하게 입는다는 뜻으로, 생활이 넉넉함을 이름.
20 기한(飢寒): 먹을 것과 입을 것이 없어 배고프고 추움, 곤궁함을 이름.
21 도심(道心): 범본(范本)에는 도심(盜心)으로 되어 있다. 도심(盜心)이란 도둑질하려는 마음이나.

疎廣[22]曰 賢而多財면 則損其志하고
소 광 왈 현 이 다 재 즉 손 기 지

愚而多財면 則益其過니라
우 이 다 재 즉 익 기 과

27

사람이 가난하면 지혜가 짧아지고, 복이 이르면 마음이 영명해지느니라.

人貧智短하고 福至心靈이니라
인 빈 지 단   복 지 심 령

28

한 가지 일을 겪지 않으면 한 가지의 지혜가 자라지 않느니라.

不經一事면 不長一智니라
불 경 일 사   부 장 일 지

22 소광(疎廣): 국내 통행본은 모두 소광(疏廣)으로 되어 있는데, '疏'로 되는 것이 옳다(소광에 대해서
  는 인물 색인 참조). 범본(范本)에는 '소무왈(蘇武曰)'로 되어 있고 또한 현이(賢而)·우이(愚而)가 각각
  현인(賢人), 우인(愚人)으로 되어 있다.

29

시비(是非)가 종일토록 있을지라도 듣지 않으면 저절로 없어지느니라.

是非終日有라도 不聽自然無니라
시 비 종 일 유　　불 청 자 연 무

30

시비를 말하는 자가 바로 시비를 일으키는 사람이니라.

來²³說是非²⁴者는 便是是非人²⁵이니라
내　설 시 비　자　변 시 시 비 인

31

「격양시」에서 말하였다.

"평생에 눈썹 찌푸릴 일을 하지 않으면 세상에 이를 갈 사람이 없을 것이다. 크게 난 이름을 어찌 단단한 돌에 새길 것인가. 길가는 행인이 입으로 전하는 말은 비석에 새기는 것보다 나을 것인데."

---

23 래(來): 동사 앞에 사용되어 모종의 동작 나타냄.
24 시비(是非): 장점과 단점.
25 위 문장은 『금강경(金剛經)』·『증광현문(增廣賢文)』에도 모두 기재되어 있다. 『증광현문』은 중국 명대 (明代)에 편찬한 아동 계몽서이다. 『석시현문(昔時賢文)』·『고금현문(古今賢文)』이라고도 한다.

擊壤詩云 平生에 不作皺眉²⁶事하면 世上에 應無切齒²⁷人이라
격 양 시 운 평 생   부 작 추 미   사   세 상   응 무 절 치   인

大名을 豈有鐫頑石²⁸가 路上行人이 口勝碑니라
대 명   기 유 전 완 석   노 상 행 인   구 승 비

32

몸에 사향(麝香)을 지니고 있으면 저절로 향기가 퍼지나니, 어찌 꼭 바람을
마주하여 서야겠는가?

有麝²⁹自然香이니 何必當³⁰風立고
유 사   자 연 향   하 필 당   풍 립

33

복이 있다 해도 다 누리지 말라, 복이 다하면 몸이 빈궁해질 것이요, 권세
가 있다 해도 다 부리지 말라, 권세가 없어지면 원수와 서로 만나느니라. 복
이 있을 때는 항상 스스로 아끼고, 권세가 있을 때는 항상 스스로 공손하라.
인생에 있어서 교만과 사치는 시작은 있지만 끝이 없는 경우가 많으니라.

---

26 추미(皺眉): 눈썹을 찌푸리다.
27 절치(切齒): 이를 갈다.
28 전완석(鐫頑石): 전(鐫)은 새기다. 완석(頑石)은 굳고 단단한 돌.
29 사(麝): 사향(麝香)을 말함.
30 당(當): 마주하다, 향하다.

有福莫享盡하라 福盡身貧窮이요
유복막향진　　복진신빈궁

有勢莫使盡하라 勢盡冤[31]相逢이니라
유세막사진　　세진원　상봉

福兮常自惜하고 勢兮常自恭하라
복혜상자석　　세혜상자공

人生驕與侈는 有始多無終이니라
인생교여치　　유시다무종

34

왕참정의 「사류명」에서 말하였다.

"재주를 다 쓰지 말고 남겨서 조물주에게 돌려주고, 봉록을 다 쓰지 말고
남겨서 조정에 돌려주고, 재물을 다 쓰지 말고 남겨서 백성에게 돌려주며,
복을 다 누리지 말고 남겨서 자손에게 돌려줄지니라."

王參政四留銘曰 留有餘不盡之巧하여 以還造物하고
왕참정사류명왈 유유여부진지교　　이환조물

　　　　　　留有餘不盡之祿하여 以還朝廷하고
　　　　　　유유여부진지록　　이환조정

　　　　　　留有餘不盡之財하여 以還百姓하고
　　　　　　유유여부진지재　　이환백성

　　　　　　留有餘不盡之福하여 以還子孫이니라
　　　　　　유유여부진지복　　이환자손

31 원(冤): 원(怨)과 통함. 원수, 적.

35

황금 천 냥이 귀한 것이 아니요, 사람의 좋은 말 한마디 듣는 것이 천금(千金)보다 나으니라.

黃金千兩이 未爲貴요 得人一語가 勝千金이니라
황 금 천 량 미 위 귀   득 인 일 어   승 천 금

36

총명은 우둔의 노예가 되고, 고통은 유쾌의 근원이 되느니라.

巧者는 拙之奴요³² 苦者는 樂之母니라
교 자 졸 지 노   고 자 락 지 모

---

32 "총명은 우둔의 노예가 된다(巧者拙之奴)": '교(巧)'는 공교·기교·총명·인공 등을 말하고, '졸(拙)'은 소박·질박·순박·투박·우둔·자연 등을 의미한다. 이 문장은 "총명한 사람은 우둔한 사람의 종(노예)이 된다." "기교는 질박의 종이다." 등으로 해석할 수도 있다. 모두 '拙'의 가치가 '巧'보다 우선하고 중요함을 강조한 것이다. 청대(淸代) 오해(吳獬)의 『일법통(一法通)』에서도 "총명은 우둔의 노예가 되고, 우둔은 총명의 스승이다(巧者拙之奴, 拙者巧之師)."라고 하였다. 이와 더불어, '巧'와 '拙'에 대한 중국 철학가들의 사유를 살펴볼 필요가 있다.

노자(老子)의 『도덕경(道德經)』에서는 "뛰어난 지혜는 우둔한 듯하다(大巧若拙)."고 하였고, 『한비자(韓非子)』에서는 "기교를 부리며 간교한 사람은 우둔하지만 성실한 사람만 못하다(巧詐不如拙誠)."고 하였다. 한비자가 말한 '巧'는 노자의 '大巧'와 상반되는 잔꾀·잔재주·약삭빠른 행위 등을 말한다. 때문에 '拙'은 처세의 철학, 인생의 가치로 추구되고 심오한 예술 경지 및 일의 성패를 결정하는 관건이 되었다. '수졸(守拙, 졸을 지킴)'·'양졸(養拙, 졸을 기름)' 등은 이러한 취지에서 나온 것이다.

37

작은 배는 (짐을) 무겁게 실으면 견뎌내기 어렵고, 으슥한 길은 홀로 다녀서
는 안 되느니라.

小船은 難堪[33]重載요 深逕[34]은 不宜[35]獨行이니라
소 선　난 감　중 재　심 경　　불 의　독 행

38

황금이 귀한 것이 아니요, 편안하고 즐거움이 돈보다 값어치가 많으니라.

모든 일의 성패여부는 '拙'에 있음을 강조하여, 『회남자(淮南子)』에서는 "기교는 질박보다 못하다(巧不
若拙)."라고 하였다. 학문·수양에서도 '拙'은 '대기(大器)'의 필수 조건임을 강조하여, 조번(趙藩,1851-
1927, 중국 근대 정치가·학자·시인 및 서법가)의 부친 조연원(趙聯元)은 그의 가훈(家訓)에서 "차라
리 우둔할지언정 기교부리지 말고, 차라리 질박할지언정 화려해서는 안 된다(寧拙勿巧. 寧樸勿華)."라
고 하였다. 서법 등에서도 '拙'을 강조하여 "질박은 정교의 극치이다(拙者巧之極)."라고 하였다. 수신
과 정치에서도 '拙'의 의의를 강조하여, 송대(宋代) 주돈이(周敦頤)는 『졸부(拙賦)』에서 "기교부리는 자
는 번지르르한 말을 하고, 순박한 사람은 침묵한다. … 기교부리는 사람은 사람을 해치고, 순박한 사람
은 사람에게 덕을 베푼다."라고 하였다.(제12장-23 참고.) 중국 근대 문학가 루쉰(魯迅,1881-1936)은
"총명한 사람은 일을 해낼 수 없고, 세계는 바보 같은 사람의 것이다(聰明人不能做事. 世界是屬于傻子
的)."라고 하였다. 또 저명한 교육가 장백령(張伯苓,1876-1951)도 "일을 성취하려는 사람은 어느 정도
바보 같은 면이 있어야 한다(欲成事者. 須帶三分傻氣)."고 하였다. '바보 같은 면'이 있어야만 고통을
무릅쓰고 묵묵히 노력하여 큰 업적을 이룰 수 있음을 말한 것이다. 이처럼 철학·학문·정치·예술·
인생·수양 등 여러 방면에서 '拙'의 가치가 중시되었다.

33 난감(難堪): ~을 견디기 어렵다.
34 심경(深逕): 으슥한 길.
35 불의(不宜): ~하기에 마땅하지 않다.

黃金이 未是貴요 安樂이 值錢多니라
황 금　 미 시 귀　 안 락 　 치 전 다

39

집에서 손님을 맞이하여 대접할 줄 모르면, 밖에 나가서 비로소 (자신을 대접
해 줄) 주인이 적음을 아느니라.

在家에 不會邀賓客이면 出外에 方³⁶知少主人³⁷이니라
재 가 　 불 회 요 빈 객 　 　 출 외 　 방 　 지 소 주 인

40

가난하게 살면 시끄러운 시장에 살아도 아는 사람이 없고, 부유하게 살면
깊은 산속에 살아도 먼 곳에서 찾아오는 친지가 있느니라.

貧居鬧市³⁸無相識이요 富住深山有遠親³⁹이니라
빈 거 뇨 시 　 무 상 식 　 　 부 주 심 산 유 원 친

36 방(方): 바야흐로.
37 소주인(少主人): 자기를 맞아 대접할 주인(친구)가 적다.
38 뇨시(鬧市): 시끄러운 시장.
39 원친(遠親): 민 친척, 혹 멀리서 찾아오는 친지.

41

사람의 의리는 모두 가난한 데로부터 끊어지고, 세상의 인정은 곧 돈 있는 집으로 향하느니라.

人義는 盡從貧處斷이요 世情은 便向有錢家니라
인 의   진 종 빈 처 단   세 정   변 향 유 전 가

42

차라리 밑 없는 항아리는 막을지언정, 코 아래 가로놓인 입은 막기 어려우니라.

寧塞無底缸이언정 難塞鼻下橫이니라
영 색 무 저 항   난 색 비 하 횡

43

인정(人情)은 모두 곤궁한 가운데서 소원하게 되느니라.

人情은 皆爲窘[40]中踈[41]니라
인 정   개 위 군   중 소

40 군(窘): 곤궁하다, 궁핍하다.
41 소(踈): 소원(疏遠)하다.

44

『사기』에서 말하였다.

"하늘에 제사 지내고 사당에 제례 올릴 때 술이 아니면 흠향(歆饗)하지 않고, 임금과 신하, 친구와 친구 사이에도 술이 아니면 의리가 두터워지지 않고, 싸움을 하고 서로 화해할 때 술이 아니면 중재하지 못하느니라. 때문에 술에는 성공과 실패가 있으니 대강대강 마실 수 없는 것이니라."

史記曰 郊天禮廟는 非酒不享이요
사 기 왈 교 천 예 묘　비 주 불 향

君臣朋友는 非酒不義요
군 신 붕 우　비 주 불 의

鬪爭相和는 非酒不勸이라
투 쟁 상 화　비 주 불 권

故로 酒有成敗而不可泛飮之니라
고　주 유 성 패 이 부 가 범 음 지

45

공자가 말하였다.

"선비가 도(道)에 뜻을 두었으면서 해지고 낡은 옷을 입고 보잘것없는 음식 먹는 것을 부끄러워하는 자는 더불어 논하기에 부족하느니라."

子曰 士志於道而恥惡衣惡食⁴²者는 未足與議也니라
자 왈 사 지 어 도 이 치 악 의 악 식   자   미 족 여 의 야

46

순자가 말하였다.

"선비가 시기하는 벗이 있으면 덕 있는 벗과 친하지 못하고, 임금이 시기하는 신하가 있으면 현인(賢人)이 이르지 않느니라."

荀子曰 士有妬友면 則賢交⁴³不親하고
순 자 왈 사 유 투 우   즉 현 교   불 친

君有妬臣이면 則賢人不至니라⁴⁴
군 유 투 신   즉 현 인 부 지

47

하늘은 녹 없는 사람을 내지 않고, 땅은 이름 없는 풀을 자라게 하지 않느니라.

天不生無祿之人하고 地不長無名之草니라
천 불 생 무 록 지 인   지 부 장 무 명 지 초

42 악의악식(惡衣惡食): 악의(惡衣)는 헤지고 낡은 옷, 악식(惡食)은 보잘것없는 음식.
43 현교(賢交): 재덕(才德)이 있는 친구.
44 이 말은 『순자(荀子)·대략(大略)』에 나온다.

48

큰 부자는 하늘로부터 나오고, 작은 부자는 부지런한 데서 나오느니라.

大富는 由⁴⁵天하고 小富는 由勤이니라
대 부 유 천   소 부 유 근

49

집안을 이룰 자식은 똥도 금같이 아끼지만, 집안을 망칠 자식은 돈 쓰기를 똥처럼 하느니라.

成家之兒는 惜糞如金하고 敗家之兒는 用金如糞이니라
성 가 지 아 석 분 여 금   패 가 지 아 용 금 여 분

50

소강절 선생이 말하였다.

"한가롭게 지낼 때 신중해야 하며, 불행이 없을 것이라 말하지 말라. 불행이 없을 것이라 말하자마자 곧 불행이 생기리라. 입에 달콤하다고 음식을 많이 먹으면 병이 날 수 있는 것이요, 마음에 즐거움을 느낀다고 하여 (즐거움을 주는) 일이 지나치면 반드시 재앙이 있으리라. 병이 난 후에 약을 먹는 것보

---

45 유(由): ~로부터 말미암다.

다는 병이 나기 전에 스스로 조심하는 것이 나으리라."

康節邵先生曰 閑居愼勿說無妨[46]하라 纔[47]說無妨便有妨이니라
강 절 소 선 생 왈 한 거 신 물 설 무 방　　　　재 　설 무 방 변 유 방

爽口[48]物多能作疾이요 快心[49]事過必有殃이라
상 구 　물 다 능 작 질　　　쾌 심 　사 과 필 유 앙

與其病後能服藥으론 不若[50]病前能自防이니라
여 기 병 후 능 복 약　　　불 약 　병 전 능 자 방

51

재동제군이 훈계를 내려 말하였다.

"신묘한 약이라도 원귀(寃鬼)가 맺혀 생긴 병은 치료하기 어렵고, 횡재하더라도 운명이 곤궁한 사람은 부유하게 할 수 없다. 일을 생기게 해서 일이 생

---

46 방(妨): 재앙, 재난, 해로움, 불행.

47 재(纔): ~하자 마자.

48 상구(爽口): 음식이 입에 들어가 상쾌함.

49 쾌심(快心): 마음에 만족이나 즐거움을 느낌.

50 여기(與其)A 불약(不若)B: 여기(與其)A 녕(寧)B, 여기(與其)A 숙약(孰若)B, 여기(與其)A 불여(不如)B와 같은 용법으로 A하는 것은 B하는 것만 못하다, A하기 보다는 (차라리)B하는 것이 낫다.

　○ "예는 사치스러움보다는 차라리 검소함이 낫다.(禮與其奢也寧儉)"(『《논어(論語)·팔일(八佾)》』)

　○ "앞에서 칭찬이 있는 것보다는 뒤에서 헐뜯음이 없는 것이 낫고, 몸에 즐거움이 있는 것보다는 마음에 근심이 없는 것이 낫다.(與其有譽於前, 孰若無毁於其後. 與其有樂於身, 孰若無憂於其心)"(한유(韓愈)「송이원귀반곡서(送李願歸盤穀序)」)

　○ "살아서 치욕을 당하는 것은 떳떳하게 죽는 것만 못하다.(與其生辱不如死快)"(『삼국사기(三國史記)·《열전(列傳)·계백(階伯)》』)

　○ "살아서 의가 없느니보다는 진실로 죽는 것이 낫다.(與其生而無義, 固不如烹)(『사기(史記)·전단열전(田單列傳)』)

기는 것이니 그대는 원망하지 말고, 남을 해쳐서 남이 해치는 것이니 그대는 성내지 말라. 천지자연에는 모두 다 갚음이 있으니, 멀면 자손에게 있고 가까우면 자기 몸에 있느니라."

梓童帝君垂訓曰 妙藥難醫冤債病[51]이요 橫材不富命窮人이라
재 동 제 군 수 훈 왈 묘 약 난 의 원 채 병　　　　　횡 재 불 부 명 궁 인

生事事生君莫怨하고 害人人害汝休嗔[52]하라
생 사 사 생 군 막 원　　　　　해 인 인 해 여 휴 진

天地自然皆有報하니 遠在兒孫近在身이니라
천 지 자 연 개 유 보　　　　　원 재 아 손 근 재 신

52

꽃이 지고 꽃이 피고, 피고 또 진다. 비단 옷과 삼베 옷을 번갈아 바꿔 입는다. 호화로운 집안이라고 반드시 언제나 부귀한 것은 아니요, 가난한 집안이라고 반드시 오래도록 곤궁하지는 않느니라. 사람을 떠받쳐도 반드시 푸른 하늘에 올라가지 못할 것이요, 사람을 밀어도 반드시 깊은 구렁에 떨어지지 않느니라. 그대에게 권고하노니, 모든 일에 하늘을 원망하지 말아라. 하늘의 뜻은 사람에게 있어서 이 사람은 후하게 하고 저 사람은 박하게 함이 없느니라.

51 원채병(冤債病): 원귀(冤鬼)가 맺혀 생긴 병.
52 휴진(休嗔): 성내지 마라. 휴(休) ~하지 마라, 진(嗔) 성내다.

花落花開開又落하고 錦衣布衣更換着이라
화 락 화 개 개 우 락　금 의 포 의 경 환 착

豪家未必常富貴요 貧家未必長⁵³寂寞이라
호 가 미 필 상 부 귀　빈 가 미 필 장 적 막

扶人未必上靑霄요 推人未必塡溝壑이라
부 인 미 필 상 청 소　추 인 미 필 전 구 학

勸君凡事莫怨天하고 天意於人無厚薄이니라
권 군 범 사 막 원 천　천 의 어 인 무 후 박

53

사람의 마음이 뱀처럼 독한 것을 한탄할 만하도다. 누가 천신(天神)의 눈이 수레바퀴처럼 돌고 있음을 알리오. 지난 해에 동쪽 이웃의 물건을 망령되게 취하였더니, 오늘에는 북쪽 집으로 돌려보내야만 하는구나. 의롭지 못한 금전과 재물은 끓는 물에 눈을 뿌리는 것과 같고, 요행으로 얻은 전답(田畓)은 물살이 모래를 쓸어 내려가는 것과 같다. 만약 교활과 속임수로 살아가는 방도를 삼는다면, 그것은 아침에 피었다가 저녁에 떨어지는 꽃과 같으니라.

堪⁵⁴歎人心毒似蛇라 誰知天眼⁵⁵轉如車오
감 탄 인 심 독 사 사　수 지 천 안 전 여 거

去年妄取東隣物터니 今日還歸北舍家라
거 년 망 취 동 린 물　금 일 환 귀 북 사 가

53 진(塡): 메우다의 의미. '전(顚)'과 통함, 넘어지다, 떨어지다.
54 감(堪): ~할 수 있다.
55 천안(天眼): 천신(天神)의 눈.

無義錢財湯潑⁵⁶雪이요　儻來⁵⁷田地水推沙라
무 의 전 재 탕 발 설　　당 래 전 지 수 추 사

若將⁵⁸狡譎⁵⁹爲生計면　恰似朝開暮落花니라
약 장 교 휼 위 생 계　　흡 사 조 개 모 락 화

54

약으로도 재상의 생명을 구할 수 없고, 돈으로도 자손의 현명함은 사기 어려우니라.

無藥可醫卿相壽요 有錢難買子孫賢이니라
무 약 가 의 경 상 수　유 전 난 매 자 손 현

55

하루라도 마음이 청정하고 한가로우면 하루라도 신선이 되느니라.

一日淸閑이면 一日仙이니라
일 일 청 한　　일 일 선

56 발(潑): 뿌리다.
57 당래(儻來): 의외로 얻다, 우연하게 혹은 요행으로 오다.
58 장(將): ~로써, ~를 가지고.
59 교휼(狡譎): 교활과 속임수.

제12장

성심편·하(省心篇·下)

마음을 성찰한다

1

진종황제의 어제에서 말하였다.

"위험을 알고 위태를 인식하면 결국 그물에 걸리는 문에 들지 않을 것이요, 선한 사람을 기용하고 현명한 사람을 등용하면 자연히 몸을 보전하는 길이 있느니라. 인을 베풀고 덕을 펼치면 대대로 번영하고 창성하는 길이요, 시기하는 마음을 품고 원한을 보복하면 자손에게 재앙을 주는 것이다. 남을 해롭게 해서 자기를 이롭게 하면 결국에는 현달한 자손이 없게 되고, 뭇사람을 해롭게 해서 집안을 이루면 어찌 부귀가 오래 가겠는가? 성명을 바꾸고 신분을 달리하게 됨은 모두 남을 참소하기 위해 교묘하게 꾸민 말로 인해서 생기는 것이요, 재앙이 일어나서 몸을 상하게 함은 모두 어질지 못함으로 초래하는 것이니라."

眞宗皇帝 御製[1]曰　知危識險이면　終無羅網之門이요
진 종 황 제 어 제 왈　지 위 식 험　종 무 라 망 지 문

舉善薦賢이면　自有安身之路라
거 선 천 현　자 유 안 신 지 로

施仁布德은　乃世代之榮昌이요
시 인 포 덕　내 세 대 지 영 창

懷妬報冤은　與子孫之爲患이라
회 투 보 원　여 자 손 지 위 환

損人利己면　終無顯達雲仍[2]이요
손 인 리 기　종 무 현 달 운 잉

---

1 어제(御製): 원래 임금이 지은 시문서화(詩文書畵) 등을 말함. 여기에서는 임금이 일러서 깨우치기 위하여 지은 글을 말함.
2 운잉(雲仍): 먼 후손, 후계자.

害衆成家_면　豈有長久富貴_{리요}
해 중 성 가　기 유 장 구 부 귀

改名異體³_는　皆因巧語⁴ 而生_{이요}
개 명 이 체　개 인 교 어 이 생

禍起傷身_은　皆是不仁之召_{니라}
화 기 상 신　개 시 불 인 지 소

2

신종황제의 어제에서 말하였다.

"도리 맞지 않는 재물을 멀리하고, 정도에 지나치는 술을 경계하며, 거처할 때는 반드시 이웃을 가리고, 교제할 때는 반드시 벗을 가리며, 질투를 마음에서 일으키지 말고, 남을 헐뜯는 말을 입에서 내지 말며, 친지 가운데 곤궁한 자를 소원하게 대하지 말고, 다른 사람 가운데 부유한 자를 후대하지 말며, 자기의 사욕을 극복하고 억제함은 근면과 검소를 우선으로 하고, 여러 사람을 사랑함은 겸손과 온화를 첫째로 하며, 항상 지나간 잘못을 생각하고, 매양 앞날의 허물이 될까를 생각하라. 만약 나의 이 말에 의거해서 나라와 집안을 다스리면 오래갈 수 있느니라."

3　개명이체(改名異體): 성명을 바꾸고 신분을 달리함. 대부분의 번역에서는 "이름을 바꾸고 몸을 달리함."으로 해석하였다.

4　교언(巧言): 남을 참소하기 위해 교묘하게 꾸미는 말. 교언은 『시경(詩經)・소아(小雅)・교언(巧言)』의 "평온하고 태연한 훌륭한 말은, 응당 입에서 나오거니와, 생황과 같이 교묘한 말은, 얼굴이 두껍기 때문이니라(蛇蛇碩言 出自口矣 巧言如簧 顔之厚矣)."라고 한 데서 온 말이다. 공자는 『논어(論語)・학이(學而)』에서 "말과 안색을 교묘하게 꾸미는 이 치고 어진 경우는 드물다(巧言令色 鮮矣仁)."라고 하였다.

神宗皇帝 御製曰 遠非道之財하고 戒過度之酒하며
신종황제 어제왈 원비도지재 계과도지주

居必擇隣하고 交必擇友하며
거필택린 교필택우

嫉妬勿起於心하고 讒言5勿宣於口하며
질투물기어심 참언물선어구

骨肉貧者莫踈하고 他人富者莫厚하며
골육빈자막소 타인부자막후

克己以勤儉爲先하고 愛衆以謙和爲首하며
극기이근검위선 애중이겸화위수

常思己往之非하고 每念未來之咎하라
상사기왕지비 매념미래지구

若依朕之斯言이면 治國可而可久니라
약의짐지사언 치국가이가구

3

고종황제의 어제에서 말하였다.

"한 점의 불티로도 아주 넓은 면적의 잡초를 태울 수 있고, 반 마디 그릇된
말로도 평생의 덕을 허물어뜨린다. 몸에 한 오라기의 실을 걸쳤어도 항상 베
짜는 여자의 수고로움을 생각하고, 하루 세 끼니의 밥을 먹어도 매양 농부의
수고를 생각하라. 구차하게 재물을 탐내고 시기하여 각박한 말로 남에게 상
처를 주면 결국 오랫동안 편안함이 없을 것이요, 선(善)을 쌓고 인(仁)을 보존
하면 반드시 영화로운 후손이 있으리라. 복은 선행으로 말미암으니 대부분
선행을 쌓는 데서 생겨나고, 성인의 경지에 들어가고 평범을 초월하는 것은

5 참언(讒言): 거짓을 꾸며서 남을 헐뜯어 하는 말.

모두 진실(眞實)함으로써 될 수 있는 것이니라."

高宗皇帝 御製曰 一星⁶之火도 能燒萬頃⁷之薪하고
고종황제 어제왈 일성지화 능소만경지신

　　　　　　　半句非言도 誤損平生之德이라
　　　　　　　반구비언 오손평생지덕

　　　　　　　身被一縷나 常思織女之勞하고
　　　　　　　신피일루 상사직여지로

　　　　　　　日食三飱이나 每念農夫之苦하라
　　　　　　　일식삼손 매념농부지고

　　　　　　　苟貪妬損이면 終無十載安康이요
　　　　　　　구탐투손 종무십재안강

　　　　　　　積善存仁이면 必有榮華後裔니라
　　　　　　　적선존인 필유영화후예

　　　　　　　福緣善慶은 多因積行而生⁸이요
　　　　　　　복연선경 다인적행이생

　　　　　　　入聖超凡은 盡是眞實而得이니라
　　　　　　　입성초범 진시진실이득

4

왕량이 말하였다.

"그 임금을 알려고 한다면 먼저 그 신하를 보고, 그 사람을 알려고 한다면

---

6 일성(一星): 조금, 약간.
7 만경(萬頃): 아주 많은 이랑이라는 뜻으로, 지면이나 수면이 아주 넓음을 이르는 말.
8 선경(善慶): 선행을 쌓아서 복을 많이 받음 적행(積行): 선행을 쌓다. 이 말은 모두 『주역(周易)·곤괘(坤卦)』에 나온다. "선을 쌓은 집안은 반드시 경사가 많고, 불선을 쌓은 집안은 반드시 재앙이 많다(積善之家, 必有餘慶, 積不善之家, 必有餘殃.)."

먼저 그 벗을 보고, 그 부모를 알려고 한다면 먼저 그 자식을 보라. 임금이 총명하고 어질면 신하가 충성스럽고, 부모가 인자하면 자식이 효성스럽다."

王良曰 欲知其君인대 先視其臣하고
왕 량 왈 욕 지 기 군   선 시 기 신

欲識其人인대 先視其友하고
욕 식 기 인   선 시 기 우

欲知其父인대 先視其子하라
욕 지 기 부   선 시 기 자

君聖臣忠하고 父慈子孝니라
군 성 신 충   부 자 자 효

5

『공자가어』에서 말하였다.

"물이 너무 맑으면 고기가 없고, 사람이 너무 분명하면 친구가 없느니라."

家語云 水至淸則無魚하고 人至察[9]則無徒[10]니라
가 어 운 수 지 청 즉 무 어   인 지 찰 즉 무 도

6

허경종이 말하였다.

---

9 찰(察): 분명하다, 총명하다. 지찰(至察)을 지극히 까다롭다의 의미로도 해석할 수 있다.
10 동방삭(東方朔)의 『답객난(答客難)』에 나오는 말이다.

"봄비는 고우(膏雨)[11]와 같으나 행인은 그 진창을 싫어하고, 가을 달은 광채를 내지만 도둑은 그 밝게 비춤을 싫어한다."

許敬宗曰 春雨如膏나 行人은 惡其泥濘[12]하고
허 경 종 왈 춘 우 여 고 행 인 오 기 니 녕

秋月揚輝나 盜者는 憎其照鑑이니라
추 월 양 휘 도 자 증 기 조 감

7

『경행록』에서 말하였다.

"대장부는 선을 보는 것이 밝기 때문에 명분과 절의(節義)를 태산보다 귀중하게 여기고, 마음을 쓰는 것이 전일(專一)하기 때문에 죽고 사는 것을 기러기 털보다 가볍게 여기느니라."

景行錄云 大丈夫見善明[13]이라 故로 重名節於泰山하고
경 행 록 운 대 장 부 견 선 명 고 중 명 절 어 태 산

用心精[14]이라 故로 輕死生於鴻毛니라
용 심 정 고 경 사 생 어 홍 모

11 고우(膏雨): 농작물이 잘 자라도록 제때에 내리는 비.
12 니녕(泥濘): 진창.
13 견선명(見善明): 견선(見善)은 선을 알다, 인식하다, 추구하다의 의미. 명(明)은 밝다.
14 용심정(用心精): 용심(用心)은 마음을 쓰다, 마음을 품다의 의미. 정(精)은 전일(專一)하다. 범본(范本)에는 정(精)이 강(剛)으로 됨. 강(剛)은 강하고 굳세다(剛毅).

8

남의 불행을 걱정하고 남의 좋은 점을 즐거워하며, 남의 절박함을 구제하고 남의 위태로움을 구원해야 하느니라.

悶人之凶하고 樂人之善하며 濟人之急하고 救人之危니라
민 인 지 흉   락 인 지 선   제 인 지 급   구 인 지 위

9

눈으로 본 일도 모두 진실이라 할 수 없거늘, 배후에서 하는 말을 어찌 깊이 믿으리오.

經目[15]之事도 恐未皆眞이어늘 背後之言을 豈足深信이리오
경 목   지 사 공 미 개 진   배 후 지 언   기 족 심 신

10

자기 집 두레박 줄이 짧은 것은 한탄하지 않고, 다만 남의 집 우물 깊은 것만 한탄하느니라.

15 경목(經目): 눈으로 보다.

不恨自家汲繩[16]短하고 只恨他家苦井[17]深이로다
불 한 자 가 급 승   단   지 한 타 가 고 정   심

11

뇌물을 먹는 사람이 천하에 가득하더라도 죄는 박복(薄福)한 사람이 받느
니라.

贓濫이 滿天下하되 罪拘薄福人이니라
장 람   만 천 하   죄 구 박 복 인

12

하늘이 만약 상도(常道)[18]를 바꾸면 바람 불거나 비가 오고, 사람이 만약 상
도를 바꾸면 병이 나거나 죽느니라.

天若改常이면 不風卽雨요 人若改常이면 不病卽死니라
천 약 개 상   불 풍 즉 우   인 약 개 상   불 병 즉 사

16 급승(汲繩): 물을 긷는 줄이나 두레박을 말함.
17 고정(苦井): 범본(范本)에는 '고정(古井, 옛우물)'으로 되어 있다.
18 상도(常道): 변하지 않는 떳떳한 도리(道理), 항상 지켜야 할 도리.

13

「장원시」[19]에서 말하였다.

"나라가 바른 길로 나아가면 하늘의 뜻도 순응할 것이요, 관리가 청렴하면 백성이 저절로 편안하느니라. 아내가 어질면 남편의 화(禍)가 적을 것이요, 자식이 효도하면 부모 마음이 너그러워지느니라.

壯元詩云 國正天心[20]順이요 官淸民自安이라
장 원 시 운 국 정 천 심   순   관 청 민 자 안

妻賢夫禍少요   子孝父心寬이니라
처 현 부 화 소   자 효 부 심 관

14

공자가 말하였다.

"나무에 먹줄을 놓으면 곧아지고, 사람이 간언을 받아들이면 현명하게 되느니라."

子曰 木縱繩則直하고 人受諫則聖이니라
자 왈 목 종 승 즉 직   인 수 간 즉 성

---

19 장원시(壯元詩): 과거 시험에서 일등을 하는 것을 '원(元)'이라 한다. 향시(鄕試)의 일등을 해원(解元), 회시(會試)의 일등을 장원(壯元)이라 한다.
20 천심(天心): 하늘의 뜻(天意).

15

한 줄기 푸른 산은 경치가 그윽하구나. 이전 사람의 전지(田地)를 뒷 사람이 거두도다. 뒷 사람은 거두었다 기뻐하지 말라. 뒤에는 거둘 사람이 다시 있느니라.

一派靑山景色幽러니 前人田土後人收라
일 파 청 산 경 색 유   전 인 전 토 후 인 수

後人收得莫歡喜하라 更有收人在後頭[21]니라
후 인 수 득 막 환 희   갱 유 수 인 재 후 두

16

소동파가 말하였다.

"까닭없이 천금을 얻으면 큰 복이 있는 것이 아니라 큰 화가 있느니라."

蘇東坡曰 無故而得千金이면 不有大福이라 必有大禍니라
소 동 파 왈 무 고 이 득 천 금   불 유 대 복   필 유 대 화

17

소강절 선생이 말하였다.

"어떤 사람이 점을 보러 와서 '어떤 것이 화이고 어떤 것이 복입니까?'라

---

21 후두(後頭): 뒤, 나중.

고 묻기에, 내가 말하였다. '내가 남을 해롭게 하는 것은 화(禍)가 되고, 남이 나를 해롭게 하는 것이 복(福)이 되느니라.'"

康節邵先生曰 有人來問卜하되 如何是禍福고
강 절 소 선 생 왈 유 인 래 문 복   여 하 시 화 복

我虧人是禍요 人虧我是福이니라
아 휴 인 시 화   인 휴 아 시 복

18

천 칸이나 되는 큰 집이라도 저녁에는 여덟 자에 눕고, 만경(頃)[22]이나 되는 좋은 전답이라도 하루에 두 되를 먹느니라.

大廈千間이라도 夜臥八尺이요
대 하 천 간   야 와 팔 척

良田萬頃이라도 日食二升이니라
양 전 만 경   일 식 이 승

19

오래 머물면 사람을 천하게 만들고, 자주 오면 친분도 소원해지느니라. 단지 사흘이나 닷새만 보더라도 서로 만나는 것이 처음과 같지 않느니라.

22 만경(頃): 1경(頃)은 375평이다. 만경(萬頃)은 3,750,000평을 말함.

久住令人賤_{이요}   頻來親也踈_요
구 주 령 인 천   빈 래 친 야 소

但看三五日_{이라도} 相見不如初_{니라}
단 간 삼 오 일   상 견 불 여 초

20

목 마를 때 물 한 방울은 단 이슬과 같지만, 취한 후에 잔을 더하는 것은 없는 것만 못하느니라.

渴時一滴_은 如甘露_요 醉後添盃_는 不如無_{니라}
갈 시 일 적   여 감 로   취 후 첨 배   불 여 무

21

술이 사람을 취하게 하는 것이 아니라 사람이 스스로 취하는 것이요, 색(色)이 사람을 미혹시키는 것이 아니라 사람이 스스로 미혹되는 것이니라.

酒不醉人人自醉_요 色不迷人人自迷_{니라}
주 불 취 인 인 자 취   색 불 미 인 인 자 미

22

공익을 위한 마음을 만약 사익을 위한 마음과 동등하게 하다면 무슨 일인들 처리하지 못할 것이며, 도(道)에 대한 생각을 만약 연정(戀情)에 대한 생각

처럼 한다면 부처가 된 지 매우 오래일 것이니라.

公心²³을 若比私心이면 何事不辦이며
공심   약 비 사 심   하 사 불 판

道念을 若同情念이면 成佛多時²⁴
도 념   약 동 정 념   성 불 다 시

23

염계선생이 말하였다.

기교 부리는 사람은 말을 잘하지만 순박한 사람은 과묵하고, 기교 부리는 사람은 분주하지만 순박한 사람은 한가롭다. 기교 부리는 사람은 교활하지만 순박한 사람은 은혜로우며, 기교 부리는 사람은 불행하지만 순박한 사람은 복이 있다. 아아! 천하 사람이 순박하면 형법과 정령이 잘 통하여 윗사람은 편안하고 아랫사람은 순종하며 풍속은 맑아지고 폐단은 근절되느니라.

濂溪先生曰 巧者言하고 拙者默하며 巧者勞하고 拙者逸하며
염 계 선 생 왈 교 자 언   졸 자 묵   교 자 로   졸 자 일

巧者賊하고 拙者德하며 巧者凶하고 拙者吉하나니
교 자 적   졸 자 덕   교 자 흉   졸 자 길

嗚呼라 天下拙이면 刑政徹하여 上安下順하며 風淸弊絶하리라²⁵
오 호   천 하 졸   형 정 철   상 안 하 순   풍 청 폐 절

23 공심(公心): 공공의 이익을 생각하는 마음.
24 다시(多時): 매우 긴 시간.
25 이 말은 주돈이(周敦頤)의 「졸부(拙賦)」에 나온다.

24

『주역』에서 말하였다. "덕은 적은데 지위가 높고 지혜는 적은데 도모하는
바가 크면 불행이 없는 경우는 드무니라."

易曰 德微而位尊하고 智小而謀大면 無禍者鮮矣니라[26]
역 왈 덕 미 이 위 존   지 소 이 모 대   무 화 자 선 의

25

『설원』에서 말하였다.

"관원은 관직을 얻는 데서 게을러지고, 병은 조금 낫는 데서 더해지며, 재
앙은 게으른 데서 생기고, 효도는 처자에게서 약해진다. 이 네 가지를 살펴
서 끝도 처음처럼 신중하게 해야 하느니라."

說苑曰 官怠於宦成하고　病加於小愈하며
설 원 왈 관 태 어 환 성　　병 가 어 소 유

禍生於懈惰하고　孝衰於妻子니
화 생 어 해 타　　　孝 쇠 어 처 자

察此四者하여　愼終如始니라
찰 차 사 자　　　신 종 여 시

---

26 『주역(周易)』·『계사(繫辭)·하(下)』에는 다음과 같이 되어 있다. "공자가 말하였다. 덕행은 적으면서
지위는 높고, 지혜는 작은데 도모함이 크고, 역량은 미약한데 책임이 무거우면 재앙이 미치지 않는 경
우가 없다(子曰: 德薄而位尊, 智小而謀大, 力(小)而任重, 鮮不及矣)."

26

그릇이 차면 넘치고, 사람이 자만하면 잃게 되느니라.

器滿則溢하고 人滿則喪이니라
기 만 즉 일   인 만 즉 상

27

한 자의 옥이 보배가 아니요, 촌음(寸陰)[27]이 다투어야 할 것이니라.

尺璧非寶요 寸陰是競이니라
척 벽 비 보   촌 음 시 경

28

양고기 국이 맛은 좋지만 뭇사람의 입에 맞추기는 어려우니라.

羊羹이 雖美나 衆口는 難調니라
양 갱   수 미   중 구   난 조

27 촌음(寸陰): 아주 짧은 시간.

29

『익지서』에서 말하였다.

"백옥은 진흙에 던져져도 그 색을 더럽힐 수 없고, 군자는 혼탁한 곳에 갈 지라도 그 마음을 어지럽힐 수 없다. 그러므로 송백(松柏)은 눈서리를 견디어 낼 수 있고, 총명예지(聰明叡智)는 위급과 곤란을 건널 수 있느니라."

益智書曰 白玉은 投於泥塗라도 不能汚穢其色이요
익지서왈 백옥 투어니도 불능오예기색

君子는 行於濁地라도 不能染亂其心하나니
군자 행어탁지 불능염란기심

故로 松柏은 可以耐雪霜이요 明智는 可以涉危難이니라
고 송백 가이내설상 명지 가이섭위난

30

산에 들어가 범을 잡기는 쉽지만, 입을 열어 남에게 곤란을 말하기는 어려 우니라.

入山擒虎는 易어니와 開口告人은 難이니라
입산금호 이 개구고인 난

31

먼 곳에 있는 물은 가까운 불을 끄지 못하고, 먼 친척은 가까운 이웃만 못 하느니라.

遠水는 不救近火요 遠親은 不如近隣이니라
원 수　 불 구 근 화　　원 친　 불 여 근 린

32

태공이 말하였다.

"해와 달이 비록 밝으나 엎어놓은 동이의 밑은 비추지 못하고, 칼날이 비록 예리하나 죄 없는 사람은 베지 못하며, 뜻밖의 재앙과 횡액이라도 조심하는 집의 문에는 들어가지 못하느니라."

太公曰 日月雖明이나　不照覆盆之下하고
태 공 왈 일 월 수 명　　　부 조 복 분 지 하

　　　刀刃雖快나　　　不斬無罪之人하고
　　　도 인 수 쾌　　　　불 참 무 죄 지 인

　　　非災橫禍²⁸는　　不入愼家之門이니라
　　　비 재 횡 화　　　　불 입 신 가 지 문

33

태공이 말하였다.

"좋은 전답 만 이랑은 작은 재주가 있는 것만 못하느니라."

25 비재횡액(非災橫禍): 비재(非災)·횡화(橫禍)은 모두 뜻밖의 재앙 혹은 횡액을 말함.

太公曰 良田萬頃이 不如薄藝²⁹隨身이니라
태공왈 양전만경　불여박예　수신

34

『성리서』에서 말하였다.

"남을 대하는 요체는 자기가 하고 싶지 않은 바를 남에게 하게 하지 말고, 행하였지만 바라던 결과를 얻지 못했다면 돌이켜 자기에게 그 원인을 찾아야 하느니라."

性理書云 接物³⁰之要는　己所不欲을　勿施於人하고³¹
성 리 서 운 접 물　지 요　기 소 부 욕　물 시 어 인

行有不得이어든　反求諸己니라³²
행 유 부 득　　반 구 저 기

26 박예(薄藝): 작은 재주.

27 접물(接物): 다른 사람과의 교제, 사물과의 접촉.

28 이 말은 『논어(論語)·안연(顏淵)』에 나온다. "중궁이 인(仁)을 묻자, 공자가 문을 나갔을 때는 큰 손님을 뵌 듯이 하며, 백성에게 일을 시킬 때는 큰 제사를 받들 듯이 하며, 자신이 하고자 하지 않는 바를 남에게 행하게 해서는 안 되니, 이렇게 하면 나라에 있어서도 원망이 없고 집안에서도 원망이 없을 것이다(仲弓問仁. 子曰: '出門如見大賓, 使民如承大祭. 己所不欲, 勿施於人. 在邦無怨, 在家無怨')."

29 이 말은 『맹자(孟子)』·『이루(離婁)』·상(上)에 나온다. "맹자가 말하였다. 남을 사랑했는데 친하게 되지 않으면 자기의 어짊을 돌아보고, 남을 다스렸는데 다스려지지 않으면 자기의 지혜를 돌이켜보며, 남에게 예를 표했는데 답하지 않으면 자기의 공경을 돌이켜본다. 행하였지만 결과를 얻지 못하는 경우에는 모두 자기에게서 그것을 돌이켜 구하니, 자신이 바르고서야 천하 사람들이 그에게 돌아간다(孟子曰 : 愛人不親, 反其仁 ; 治人不治, 反其智 ; 禮人不答, 反其敬. 行有不得者, 皆反求諸己. 其身正而天下歸之)."

35

술, 여색, 재물, 혈기 네 담장이 둘러싸고 있는데, 수많은 현자(賢者), 우자(愚者)가 그 가운데에 갇혀 있도다. 세상 사람 중에 이곳을 뛰쳐나올 수 있다면, 신선처럼 죽지 않는 방법이 되느니라.

酒色財氣四堵墻[33]에 多少賢愚在內廂이라
주 색 재 기 사 도 장　　다 소 현 우 재 내 상

若有世人跳得出이면 便是神仙不死方이니라
약 유 세 인 도 득 출　　변 시 신 선 불 사 방

30 도장(堵墻): 담장.

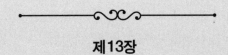

제13장

입교편(立敎篇)

가르침을 세우고 인륜을 밝힌다

1

공자가 말하였다.

"입신(立身)에는 의(義)가 있으니 효도가 그 근본이요, 상사(喪事)에는 예(禮)가 있으니 슬픔이 그 근본이요, 전투에는 대열 순서가 있으니 용감이 그 근본이요, 정사(政事)를 다스림에는 이치가 있으니 농업이 그 근본이요, 국가를 통치함에는 원칙이 있으니 후손의 번성과 양육이 그 근본이며, 재물을 늘림에는 시기가 있으니 노력이 그 근본이 되느니라."

子曰 立身有義하니 而孝爲本이요
자 왈 입 신 유 의   이 효 위 본

喪紀[1]有禮하니 而哀爲本이요
상 기 유 례   이 애 위 본

戰陣有列하니 而勇爲本이요
전 진 유 렬   이 용 위 본

治政有理하니 而農爲本이요
치 정 유 리   이 농 위 본

居國有道하니 而嗣爲本이요
거 국 유 도   이 사 위 본

生財有時하니 而力爲本이니라[2]
생 재 유 시   이 력 위 본

2

『경행록』에서 말하였다.

---

1 상기(喪紀): 상사(喪事).
2 이 말은 『공자가어(孔子家語)』에 나온다.

"정치를 하는 요체는 공정과 청렴이요, 가문을 이루는 길은 검소와 근면이다."

景行錄云 爲政之要는 曰公與淸이요
경 행 록 운 위 정 지 요   왈 공 여 청

成家之道는 曰儉與勤이니라
성 가 지 도   왈 검 여 근

3

글을 읽음은 가문을 일으키는 근본이요, 이치를 따름은 가문을 보존하는 근본이요, 근면과 검소는 가문을 다스리는 근본이요, 화목과 순종은 가문을 질서정연하게 하는 근본이니라.

讀書는 起家之本이요 循理는 保家之本이요
독 서   기 가 지 본   순 리   보 가 지 본

勤儉은 治家之本이요 和順은 齊家之本이니라
근 검   치 가 지 본   화 순   제 가 지 본

4

『공자 삼계도』에서 말하였다.

"일생의 계획은 어릴 때에 있고, 일년의 계획은 봄에 있고, 하루의 계획은 새벽에 있다. 어려서 배우지 않으면 늙어서 아는 것이 없고, 봄에 밭 갈지 않으면 가을에 바랄 것이 없고, 새벽에 일찍 일어나지 않으면 하루에 어떤 일

도 처리할 수 없느니라."

孔子三計圖云 一生之計는 在於幼하고
공 자 삼 계 도 운 일 생 지 계 　 재 어 유

一年之計는 在於春하고
일 년 지 계 　 재 어 춘

一日之計는 在於寅하니
일 일 지 계 　 재 어 인

幼而不學이면 老無所知요
유 이 불 학 　 노 무 소 지

春若不耕이면 秋無所望이요
춘 약 불 경 　 추 무 소 망

寅若不起면 日無所辦이니라
인 약 불 기 　 일 무 소 판

5

『성리서』에서 말하였다.

"다섯 가지 가르침의 조목은 부모와 자식 사이에는 친애가 있고, 임금과
신하 사이에는 의리가 있고, 남편과 아내 사이에는 구별이 있고, 어른과 어
린이 사이에는 차서(次序)가 있고, 친구 사이에는 믿음이 있는 것이느니라."

性理書云 五敎之目은 父子有親이며
성 리 서 운 오 교 지 목 　 부 자 유 친

君臣有義며
군 신 유 의

夫婦有別이며
부 부 유 별

長幼有序며
장 유 유 서

朋友有信이니라
붕 우 유 신

6

삼강은 임금은 신하의 본보기가 되고, 아버지는 자식의 본보기가 되며, 남편은 아내의 본보기가 되는 것이니라.

三綱은 君爲臣綱이요 父爲子綱이요 夫爲婦綱이니라
삼 강   군 위 신 강   부 위 자 강   부 위 부 강

7

왕촉이 말하였다.

"충신은 두 임금을 섬기지 않고, 열녀는 두 지아비를 섬기지 않느니라."

王蠋曰 忠臣은 不事二君이요 烈女는 不更二夫니라
왕 촉 왈 충 신   불 사 이 군   열 녀   불 경 이 부

8

충자가 말하였다.

"백관(百官)을 다스림에는 공평(公平)만한 것이 없고, 재물에 임해서는 청렴

(淸廉)만한 것이 없느니라."

忠子曰³ 治官엔 莫若平이요 臨財엔 莫若廉이니라
충 자 왈 치 관   막 약 평   임 재   막 약 렴

9
장사숙(張思叔)의 좌우명에 말하였다.

"무릇 말은 반드시 진정과 신뢰가 있어야 하고, 모든 행동은 반드시 독실과 공경이 있어야 하고, 음식은 반드시 삼가고 절제함이 있어야 하고, 글씨는 반드시 반듯하고 바르게 써야 하고, 용모는 반드시 단정하고 장중함이 있어야 하며, 의관은 반드시 정제하고 엄숙함이 있어야 하고, 걸음걸이는 반드시 안정되고 묵직해야 하고, 거처는 반드시 정돈되고 안정되어야 하고, 일을 함에는 반드시 계획을 세워 시작하고, 말을 함에는 반드시 실행을 고려해야 하고, 시종일관 변치 않는 덕을 반드시 굳게 견지하고, 승락하는 것은 반드시 실현하고, 좋은 일을 보면 자기가 행해야 할 것인 듯 여기고, 나쁜 일을 보면 자신의 병인 것처럼 여겨라. 무릇 이 열네 가지는 모두 내가 아직 깊이 성찰하지 못한 것이다. 이에 이를 써서 책상 한쪽에 붙이고, 아침저녁으로 보며 경계로 삼고자 한다."

---

3 충자왈(忠子曰): 범본(范本)에는 문중자(文中子)로 되어 있다. 문중자는 수(隋)나라 왕통(王統, 584-618)을 말한다.

張思叔座右銘曰 凡語를 必忠信하며 凡行을 必篤敬하며
장사숙좌우명왈 범어 필충신 범행 필독경

飲食을 必愼節하며 字劃을 必楷正하며
음식 필신절 자획 필해정

容貌를 必端莊하며 衣冠을 必整肅하며
용모 필단장 의관 필정숙

步履를 必安詳하며 居處를 必正靜하며
보리 필안상 거처 필정정

作事를 必謀始하며 出言을 必顧行하며
작사 필모시 출언 필고행

常德을 必固持하며 然諾을 必重應하며
상덕 필고지 연락 필중응

見善如己出하며 見惡如己病하라
견선여기출 견악여기병

凡此十四者는 皆我未深省이라
범차십사자 개아미심성

書此當座隅하여 朝夕視爲警하노라
서차당좌우 조석시위경

10

범익겸의 좌우명에 말하였다.[4]

"첫째, 조정의 이해관계와 변방의 보고와 관리의 임면(任免)을 말하지 않는다. 둘째, 주현(州縣)의 관원의 장단(長短)과 득실(得失)을 말하지 않는다. 셋째, 여러 사람이 저지른 과오를 말하지 않는다. 넷째, 관직에 있으면서 시류에 따르고 권세에 아부하는 것을 말하지 않는다. 다섯째, 재물과 이익의 많고

---

4 범익겸(范益謙)의 좌우명은 주희(朱熹)의 『소학(小學)·가언(嘉言)』에 보인다.

적음이나 빈천을 싫어하고 부유함을 구하는 것을 말하지 않는다. 여섯째, 음란하고 희롱하는 말이나 여색(女色)을 평하는 말을 하지 않는다. 일곱째, 사람이나 물품의 도움을 요구하거나 술이나 음식을 찾는 것을 말하지 않는다. 또 남이 서신을 보내면 열어보거나 보류해 놓고 있어서는 안 된다. 무릇 남과 함께 앉아 있을 때는 남의 개인 문서를 엿보아서는 안 된다. 무릇 남의 집에 들어갔을 때 남의 글을 보아서는 안 된다. 무릇 남에게 물건을 빌렸을 때는 훼손하거나 돌려주지 않아서는 안 된다. 무릇 음식을 먹을 때는 가리거나 고르며 버리거나 취해서는 안 된다. 남과 함께 있을 때는 자신의 편리만을 취해서는 안 된다. 무릇 남의 부귀를 찬탄하고 부러워하거나 헐뜯어서는 안 된다. 무릇 이 몇 가지 일을 범하는 경우가 있으면 마음 씀이 바르지 못함을 볼 수 있으니, 마음을 보존하고 몸을 닦는 데 크게 해가 되는 바가 있는지라, 글을 써서 스스로 경계하노라."

范益謙座右銘曰　一不言朝廷利害邊報差除[5]요
범익겸좌우명왈　일불언조정리해변보차제

二不言州縣官員長短得失요
이불언주현관원장단득실

三不言衆人所作過惡之事요
삼불언중인소작과악지사

四不言仕進官職趨時附勢요
사불언사진관직추시부세

五不言財利多少厭貧求富요
오불언재리다소염빈구부

5 차제(差除): 관리를 벼슬에 임명하는 일을 이름.

六不言淫媟戲慢評論女色이요
육 불 언 음 설 희 만 평 론 여 색

七不言求覓人物干索酒食이니라
칠 불 언 구 멱 인 물 간 색 주 식

又人附書信을 不可開坼沈滯요
우 인 부 서 신　　 불 가 개 탁 침 체

與人竝坐에 不可窺人私書요
여 인 병 좌　 불 가 규 인 사 서

凡入人家에 不可看人文字요
범 입 인 가　 불 가 간 인 문 자

凡借人物에 不可損壞不還이요
범 차 인 물　 불 가 손 괴 불 환

凡喫飮食에 不可揀擇去取요
범 끽 음 식　 불 가 간 택 거 취

與人同處에 不可自擇便利요
여 인 동 처　 불 가 자 택 편 리

凡人富貴를 不可歎羨詆毁니
범 인 부 귀　 불 가 탄 선 저 훼

凡此數事에 有犯之者足以見用心之不肖니
범 차 수 사　 유 범 지 자 족 이 견 용 심 지 불 초

於存心修身에 大有所害라 因書以自警하노라
어 존 심 수 신　 대 유 소 해　 인 서 이 자 경

11

무왕이 태공에게 물어 말하였다.

"사람이 세상에 사는데 어찌하여 귀천과 빈부가 고르지 않습니까? 원컨대 말씀을 듣고서 이를 알고자 합니다." 태공이 말하였다. "부귀는 성인의 덕과 같아서 모두 천명(天命)으로부터 말미암거니와 부유한 자는 쓰는 데 절약이 있지만 부유하지 못한 자는 집에 열 가지 도둑이 있나이다."

武王問太公曰 人居世上에 何得貴賤貧富不等고
무왕문태공왈 인거세상 하득귀천빈부부등

願聞說之하여 欲知是矣로이다
원문설지 욕지시의

太公曰 富貴는 如聖人之德하여 皆由天命이어니와
태공왈 부귀 여성인지덕 개유천명

富者는 用之有節하고 不富者는 家有十盜나이다
부자 용지유절 불부자 가유십도

12

무왕이 말하였다.

"무엇을 '열 가지 도둑(十盜)'이라고 합니까?" 태공이 말하였다. "제때에 익은 곡식을 거두지 않는 것이 첫째 도둑이요, 거두고 쌓는 것을 마치지 않는 것이 둘째 도둑이요, 일 없이 등불을 켜놓고 잠자는 것이 셋째 도둑이요, 게으름 피우며 밭 갈지 않는 것이 넷째 도둑이요, 공력(功力)을 들여서 하지 않는 것이 다섯째 도둑이요, 교묘하고 해로운 짓을 멋대로 행하는 것이 여섯째 도둑이요, 딸을 너무 많이 기르는 것이 일곱째 도둑이요, 낮잠 자고 아침에 게을리 일어나는 것이 여덟째 도둑이요, 술을 탐하고 욕망을 즐기는 것이 아홉째 도둑이요, 질투를 강하게 하는 것이 열째 도둑입니다."

武王曰 何謂十盜닛고
무왕왈 하위십도

太公曰 時熟不收爲一盜요
태공왈 시숙불수위일도

收積不了爲二盜요
수적불료위이도

無事燃燈寢睡爲三盜요
무 사 연 등 침 수 위 삼 도

慵懶不耕爲四盜요
용 라 불 경 위 사 도

不施功力爲五盜요
불 시 공 력 위 오 도

專行巧害爲六盜요
전 행 교 해 위 육 도

養女太多爲七盜요
양 여 태 다 위 칠 도

晝眠懶起爲八盜요
주 면 라 기 위 팔 도

貪酒嗜慾爲九盜요
탐 주 기 욕 위 구 도

强行嫉妬爲十盜요
강 행 질 투 위 십 도

13

무왕이 말하였다.

"집에 '열 가지 도둑'이 없는데도 부유하지 못한 것은 어째서입니까?' 태공이 말하였다. "그런 사람 집에는 반드시 '세 가지 낭비(三耗)'가 있습니다." 무왕이 말하였다. "무엇을 세 가지 낭비라고 합니까?' 태공이 말하였다. "창고가 새고 넘치는데도 덮지 않아서 쥐와 새들이 마구 먹어대는 것이 첫째 낭비요, 거두고 씨 뿌림에 때를 놓치는 것이 둘째 낭비요, 곡식을 버리고 흩뜨려서 더럽고 천하게 하는 것이 셋째 낭비입니다."

武王曰 家無十盜而不富者는 何如닛고
무 왕 왈 가 무 십 도 이 불 부 자   하 여

太公曰 人家에 必有三耗니이다
태공왈 인가 필유삼모

武王曰 何名三耗닛고
무왕왈 하명삼모

太公曰 倉庫漏濫不蓋하여 鼠雀亂食이 爲一耗요
태공왈 창고루람불개 서작난식 위일모

收種失時가 爲二耗요
수종실시 위이모

抛撒米穀穢賤이 爲三耗니이다
포살미곡예천 위삼모

14

무왕이 말하였다.

"집에 '세 가지 낭비'가 없는데도 부유하지 못한 것은 어째서입니까?" 태공이 말하였다. "그런 사람의 집에는 반드시 첫째 잘못(錯), 둘째 그름(誤), 셋째 어리석음(痴), 넷째 과실(失), 다섯째 거스름(逆), 여섯째 흉함(不祥), 일곱째 상스러움(奴), 여덟째 천함(賤), 아홉째 우매(愚), 열째 두꺼움(强)이 있어서 스스로 그 화를 부르는 것이요, 하늘이 재앙을 내리는 것이 아닙니다."

武王曰 家無三耗而不富者는 何如닛고
무왕왈 가무삼모이불부자 하여

太公曰 人家에 必有一錯二誤三痴四失五逆六不祥七奴八賤九愚十
태공왈 인가 필유일착이오삼치사실오역육불상칠노팔천구우십

强하여 自招其禍요 非天降殃이나이다
강 자초기화 비천강앙

15

무왕이 말하였다.

"그 내용을 자세히 듣기를 원합니다." 태공이 말하였다. "아들을 먹여 기르기만 하고 가르치지 않는 것이 첫째 잘못(錯)이요, 어린아이를 훈도하지 않는 것이 둘째 그름(誤)이요, 신부를 처음 맞이하여 엄한 훈육을 하지 않는 것이 셋째 어리석음(痴)이요, 아직 말하지 않았는데 먼저 웃는 것이 넷째 과실(失)이요, 부모 봉양을 하지 않는 것이 다섯째 거스름(逆)이요, 밤에 알몸으로 일어나는 것이 여섯째 흉함(不祥)이요, 남의 활 쏘기 좋아하는 것이 일곱째 상스러움(奴)이요, 남의 말 타기 좋아하는 것이 여덟째 천함(賤)이요, 남의 술 마시면서 다른 사람에게 권하는 것이 아홉째 우매함(愚)이요, 남의 밥 먹으면서 벗에게 명하는 것이 열째 두꺼움(强)이 되는 것입니다." 무왕이 말하였다. "아아! 너무 훌륭하고 진실되도다, 이 말씀이여."[6]

武王曰 願悉聞之하노이다
무 왕 왈 원 실 문 지

太公曰 養男不敎訓이 爲一錯이요
태 공 왈 양 남 불 교 훈　　 위 일 착

嬰孩不訓이 爲二誤요
영 해 불 훈　 위 이 오

初迎新婦不行嚴訓이 爲三痴요
초 영 신 부 불 행 엄 훈　　 위 삼 치

未語先笑이 爲四失이요
미 어 선 소　 위 사 실

6　범본(范本)에는 13장의 11에서 15까지가 한 단락으로 되어 있다.

不養父母이 爲五逆이요
불 양 부 모   위 오 역

夜起赤身이 爲六不祥이요
야 기 적 신   위 육 불 상

好挽他弓이 爲七奴요
호 만 타 궁   위 칠 노

愛騎他馬이 爲八賤이요
애 기 타 마   위 팔 천

喫他酒勸他人이 爲九愚요
끽 타 주 권 타 인   위 구 우

喫他飯命朋友이 爲十强이니다
끽 타 반 명 붕 우   위 십 강

武王曰　甚美誠哉라 是言也여
무 왕 왈　심 미 성 재   시 언 야

제14장

치정편(治政篇)

정치의 요체는
백성을 사랑하는데 있으며
관리는 청렴, 신중, 근면해야 한다

1

명도선생이 말하였다. "말단 관리라도 만물을 사랑하는 데 마음을 둔다면, 사람들에게 반드시 도움을 주는 바가 있을 것이다."

明道先生曰 一命之士 苟存心於愛物이면 於人必有所濟니라
명도선생왈 일명지사 구존심어애물   어인필유소제

2

당나라 태종의 어제에서 말하였다.

"위에는 지휘하는 사람이 있고, 중간에는 권세를 타고 이용하는 사람이 있고, 아래에는 권세에 빌붙는 사람이 있다.[1] 아래에는 주견없이 남의 의견에 따르는 사람이 있을 것이다. 비단 옷으로 그대들을 입혀주고, 국가 창고로 그대들을 먹여준다. 그대의 봉록과 그대의 녹봉은 백성의 고혈이고 기름이다. 백성은 학대하기 쉬우나, 하늘은 속이기 어려우니라."

---

1 국내 해석은 대부분 "위에는 지휘하는 이가 있고, 중간에는 이를 전달하는 관원이 있고, 그 아래에는 이에 따르는 백성이 있다." 혹은 "위로는 지시하는 임금이 있고, 중간에는 이를 받들어 다스리는 관리가 있으며, 그 아래에는 따르는 백성이 있다."등의 취지로 되어 있다.

唐太宗[2] 御製云 上有麾之, 中有乘之, 下有附之[3]
당 태 종　어 제 운　상 유 휘 지　중 유 승 지　하 유 부 지

幣帛衣之요　倉廩食之하니
폐 백 의 지　창 름 식 지

爾俸爾祿이　民膏民脂니라
이 봉 이 록　민 고 민 지

下民易虐어니와　上蒼難欺니라[4]
하 민 이 학　상 창 난 기

3

『동몽훈』에서 말하였다.

"관리가 되어서 지켜야 할 법은 오직 세 가지가 있다. 청렴, 신중, 근면이다. 이 세 가지를 알면 제 몸 처신할 바를 아느니라."

童蒙訓曰 當官之法이 唯有三事하니 曰淸曰愼曰勤이라
동 몽 훈 왈　당 관 지 법　유 유 삼 사　　왈 청 왈 신 왈 근

知此三者면 知所以持身矣니라
지 차 삼 자　지 소 이 지 신 의

2　당태종(唐太宗)이 송태종(宋太宗)으로 되어 있는 판본도 있다.
3　휘(麾)는 휘(揮)와 통하며 지휘하다. 승(承)은 이용하다. 부(附)는 반부(攀附), 의부(依附)의 뜻으로 권세에 빌붙다.
4　爾俸爾祿, 民膏民脂. 下民易虐, 上蒼難欺. : 이 네 구는 원래 오대(五代) 후촉(後蜀)의 군주인 맹창(孟昶)의 「반령잠(頒令箴)」에 나온다. 송나라 태종(太宗)이 「반령잠」 가운데 이 네 구를 뽑아서 그 순서를 이와 같이 바꾸어, 각 지방에 반포하여 돌에 새기게 하고 각 지방의 청사 앞에 세워 관원들의 좌우명으로 삼게 하였다. 때문에 이를 계석명(戒石銘)이라 하였다. 이로써 이 네 구는 송태종의 어제로 알려지게 되었다.

4

관리가 된 사람은 반드시 분노를 경계하라. 일에 타당하지 않음이 있거든 마땅히 소상히 이해하여 처리하면 반드시 사리에 맞지 않음이 없다. 만약 먼저 크게 성을 내면 단지 자신만 해롭게 할 뿐이지, 어찌 남을 해롭게 할 수 있겠는가?

當官者는　必以暴怒⁵爲戒하여
당 관 자　　필 이 폭 노 위 계

事有不可어든 當詳處之면 必無不中아니와
사 유 불 가　당 상 처 지　필 무 부 중

若先暴怒면 只能自害라 豈能害人이리요
약 선 폭 노　지 능 자 해　기 능 해 인

5

임금 섬기기를 어버이 섬기는 듯하며, 상사(上司) 섬기기를 형 섬기는 듯이 하며, 동료와 함께 지내기를 집안사람처럼 하며, 여러 아전 대하기를 자기 집 노복 대하듯이 하며, 백성 사랑하기를 처자(妻子)처럼 하며, 관청 일 처리하기를 내 집안일처럼 하고 난 뒤에야 내 마음을 다했다 할 것이니라. 만약 털끝만치라도 이르지 못함이 있으면, 모두 내 마음에 미진한 바가 있는 것이니라.⁶

5　폭노(暴怒): 제어할 수 없는 분노로 항시 도리에 어긋난 폭언이 따른다.
6　범립본의 판본에는 14-4-5가 한 단락으로 되어 있다.

事君如事親하며　事長官[7]如事兄하며
사 군 여 사 친　　사 장 관 여 사 형

與[8]同僚如家人하며　待群吏如奴僕하며
여 동 료 여 가 인　　대 군 리 여 노 복

愛百姓如妻子하며　處官事如家事然後에야　能盡吾之心이니
애 백 성 여 처 자　　처 관 사 여 가 사 연 후　　능 진 오 지 심

如有毫末不至면　皆吾心有所未盡也니라
여 유 호 말 부 지　　개 오 심 유 소 미 진 야

6

어떤 사람이 묻기를, "주부(主簿)는 현령(縣令)을 보좌하는 자입니다. 주부가 하고자 하는 바를 현령이 혹시 따르지 않는다면 어떻게 합니까?" 이천선생(伊川先生)이 대답하였다. "마땅히 진실되고 정성스러운 뜻으로 감동시켜야 한다. 지금 현령과 주부의 불화는 단지 사심에서 나온 것이다. 현령은 고을의 수장이니, 만약 부형을 섬기는 도리로 섬겨서 잘못한 것은 자기에게 돌리고 잘한 것은 현령에게 돌아가지 않을까 염려해야 하니, 이와 같은 진실되고 정성스러운 뜻이 쌓이면 어찌 사람을 감동시켜 마음을 얻지 못함이 있으리요."

或問 簿는 佐令者也니 簿欲所爲를 令或不從이면 奈何닛고
혹 문 부 　좌 령 자 야 　부 욕 소 위 　영 혹 부 종 　 내 하

7　장관(長官): 상급관리, 상사.
8　여(與): 친애하다, 교제하다. 『장자(莊子)·대종사(大宗師)』에 "마음이 없는 교제 가운데 누가 서로 교제할 수 있겠는가?(孰能相與於無相與)라고 하였다. '與'은 '親'의 의미이다.

伊川先生曰 當以誠意動之니라
이 천 선 생 왈 당 이 성 의 동 지

今令與簿不和는 便是爭私意요
금 령 여 부 불 화 변 시 쟁 사 의

令은 是邑之長이니 若能以事父兄之道로 事之하여
령 시 읍 지 장   약 능 이 사 부 형 지 도 사 지

過則歸己하고 善則唯恐不歸於令하여
과 즉 귀 기   선 즉 유 공 불 귀 어 령

積此誠意면 豈有不動得人이리오
적 차 성 의 기 유 부 동 득 인

7

유안례가 백성에 임하는 도리를 물으니, 명도선생(明道先生)이 말하였다. "백성으로 하여금 각각 그들의 심정을 토로하게 해야 하느니라." 관리 거느리는 도리를 물으니, "자기를 바르게 하여 남에게 이르러야 하느니라."

劉安禮問臨民한대 明道先生曰 使民各得輸其情이니라
유 안 례 문 림 민 명 도 선 생 왈 사 민 각 득 수 기 정

問御吏한대   曰 正己以格物이니라
문 어 리   왈 정 기 이 격 물

8

『포박자』에서 말하였다.

"도끼를 맞더라도 바르게 간하며, 끓는 가마 솥에 던져지더라도 옳은 말

을 다하면 이를 충신(忠臣)이라 하느니라."

抱朴子曰 迎斧針而正諫하며 據鼎鑊[9]而盡言이면 此謂忠臣也니라
포 박 자 왈 영 부 월 이 정 간   거 정 확 이 진 언   차 위 충 신 야

---

9   정호(鼎鑊): 고대의 혹형(酷刑)을 말함. 솥(鼎)과 가마(鑊)를 사용해서 사람을 삶아 죽이는 것을 말함.

제15장

치가편(治家篇)

화목한 가정환경을 만들고 유지한다

1

사마온공이 말하였다.

"무릇 모든 손아래 사람들은 일이 크고 작음에 상관 없이 독단으로 행하지 말고 반드시 집안 어른께 여쭈어서 해야 하느니라."

司馬溫公曰 凡諸卑幼[1]는 事無大小히
사 마 온 공 왈 범 제 비 유　　사 무 대 소

毋得專行하고 必咨禀[2]於家長이니라
무 득 전 행　　필 자 품 어 가 장

2

손님을 대접함에는 풍성하게 하지 않을 수 없지만, 집안을 운영함에는 검소하지 않을 수 없느니라.

待客엔 不得不豐이요 治家엔 不得不儉이니라
대 객　부 득 불 풍　　치 가　부 득 불 검

3

태공이 말하였다.

1 비유(卑幼): 항렬이 낮은 사람과 나이 어린 사람을 아울러 이름.
2 자품(咨禀): 가르침을 청하다. 상급자나 웃어른에게 보고하다.

"어리석은 사람은 부인을 두려워하고, 어진 여자는 남편을 공경하느니라."

太公曰 痴人은 畏婦하고 賢女는 敬夫니라
태 공 왈 치 인   외 부   현 녀   경 부

4

무릇 노복(奴僕)³을 부릴 적에는 먼저 그들이 배고픈지 추운지를 생각해야 하느니라.

凡使奴僕에 先念飢寒이니라
범 사 노 복   선 념 기 한

5

자식이 효도하면 양친이 즐겁고, 집안이 화목하면 만사가 이루어지느니라.

子孝雙親樂이요 家和萬事成이니라
자 효 쌍 친 락   가 화 만 사 성

---

3 노복(奴僕): 남의 집에서 일을 하는 천한 신분의 남자를 이르던 말.

6

시시각각 불이 나는 것을 막고, 매일 밤 도적이 드는 것을 방비할지니라.

時時防火發하고 夜夜備賊來니라
시 시 방 화 발   야 야 비 적 래

7

『경행록』에서 말하였다. "아침과 저녁의 이르고 늦음을 살펴보면, 한 집안의 흥망을 알 수 있느니라."

景行錄云 觀朝夕之早晏하여 可以卜[4]人家之興替[5]니라
경 행 록 운 관 조 석 지 조 안   가 이 복 인 가 지 흥 체

8

문중자(文仲子)가 말하였다.

"시집가고 장가드는 데 재물을 논하는 것은 오랑캐의 도이니라."

文仲子曰 婚娶而論財는 夷虜[6]之道也니라
문 중 자 왈 혼 취 이 론 재   이 로 지 도 야

---

4 복(卜): 길흉을 알아내다.
5 흥체(興替): 흥망, 성쇠.
6 이로(夷虜): 오랑캐.

제16장

안의편(安義篇)

인류을 돈독히 한다

1

『안씨가훈』에서 말하였다. "대저 백성이 있은 후에 부부가 있고, 부부가 있은 후에 부자가 있고, 부자가 있은 후에 형제가 있으니, 한 집안의 친속(親屬)은 이 세 관계일 뿐이다. 이에서부터 나아가 구족(九族)에 이르기까지는 모두 이 세 관계에 근본을 둔다. 그러므로 인륜에 있어서 이 세 관계가 중요하니 돈독하지 않아서는 안 된다."

顏氏家訓曰 夫有人民而後에 有夫婦하고
안 씨 가 훈 왈 부 유 인 민 이 후   유 부 부

有夫婦而後에 有父子하고
유 부 부 이 후   유 부 자

有父子而後에 有兄弟하니
유 부 자 이 후   유 형 제

一家之親은 此三者而已矣라
일 가 지 친   차 삼 자 이 이 의

自玆以往으로 至于九族히 皆本於三親焉이라
자 자 이 왕   지 우 구 족   개 본 어 삼 친 언

故로 於人倫에 爲重也니 不可不篤이니라
고   어 인 륜   위 중 야   불 가 부 독

2

장자가 말하였다.

"형제는 수족(手足)과 같고, 부부는 의복과 같으니, 의복이 떨어졌을 때는 다시 새것을 얻을 수 있거니와 수족이 끊어졌을 때는 잇기 어려우니라."

莊子曰 兄弟는 爲手足하고 夫婦는 爲衣服이니
장 자 왈 형 제   위 수 족   부 부   위 의 복

衣服破時엔 更得新이어니와 手足斷處엔 難可續이니라
의 복 파 시   갱 득 신   수 족 단 처   난 가 속

3

소동파가 말하였다.

"부귀하다고 친하지 않고 빈천하다고 멀리하지 않으면 이는 사람 가운데
에서 대장부요, 부귀하다고 나아가고 빈천하다고 물러나면 이는 사람 가운
데서 참으로 소인배이니라."

蘇東坡云 富不親分貧不疎는 此是人間大丈夫요
소 동 파 운 부 불 친 혜 빈 불 소   차 시 인 간 대 장 부

富則進分貧則退는 此是人間眞小輩니라
부 즉 진 혜 빈 즉 퇴   차 시 인 간 진 소 배

제17장

준례편(遵禮篇)

예는 사회조직의 근간이다

1

공자가 말하였다.

"가정에 예가 있으므로 어른과 어린이가 분별이 있고, 규문에 예가 있으므로 삼대(三代)가 화목하고, 조정에 예가 있으므로 관직과 작위가 질서가 있고, 전렵(田獵)에 예가 있으므로 군사(軍事) 연습이 숙련되고, 군대에 예가 있으므로 무공(武功)이 이루어질 수 있느니라."

子曰 居家¹有禮니 故로 長幼辨하고
자 왈 거 가 유 례   고   장 유 변

閨門²有禮니 故로 三族³和하고
규 문 유 례   고   삼 족 화

朝廷 有禮니 故로 官爵序하고
조 정 유 례   고   관 작 서

田獵⁴有禮니 故로 戎事閑⁵하고
전 렵 유 례   고   융 사 한

軍旅 有禮니 故로 武功成이니라⁶
군 려 유 례   고   무 공 성

1　거가(居家): 집에 거주하다, 가정생활 등의 의미.
2　규문(閨門): 궁정, 가정, 가문, 부녀가 거주하는 곳 등의 의미.
3　삼족(三族): 부(父), 자(子), 손(孫).
4　전렵(田獵): 총이나 그 밖의 도구를 가지고 산이나 들에서 짐승을 잡는 일.
5　한(閑): 숙련(習)의 의미. 『시경(詩經)ㆍ진풍(秦風)』에 "북쪽 동산에 노니, 네 말이 길도 잘 드려졌도다(遊于北園, 四馬飯閑)."라고 하였는데, '한(閑)'은 숙련, 길들여지다(習)의 의미이다.
6　이 말은 『공자가어(孔子家語)ㆍ논예(論禮)』에 나온다.

2

공자가 말하였다.

"군자가 용맹하기만 하고 예가 없으면 난신(亂臣)[7]이 되고, 소인이 용맹하기만 하고 예가 없으면 도적이 되느니라."

子曰 君子有勇而無禮면 爲亂하고
자 왈 군 자 유 용 이 무 례   위 란

小人有勇而無禮면 爲盜니라
소 인 유 용 이 무 례   위 도

3

증자가 말하였다.

"조정에서는 작위(爵位)만한 것이 없고, 고을에서는 연치(年齒)만한 것이 없고, 임금을 보좌하며 백성을 다스림에는 덕(德)만한 것이 없느니라."

曾子曰 朝廷엔 莫如爵이요 鄕黨엔 莫如齒요
증 자 왈 조 정   막 여 작   향 당   막 여 치

輔世長民[8]엔 莫如德이니라
보 세 장 민   막 여 덕

7 난신(亂臣): 나라를 어지럽게 만드는 신하.
8 보세장민(輔世長民): 임금을 보좌하며 백성을 다스림.

4

늙은이와 젊은이, 어른과 아이는 하늘이 구분한 질서이니, 이치를 거스르고 도리를 어긋나게 해서는 안 되느니라.

老少長幼는 天分秩序니 不可悖理而傷道也니라
노 소 장 유　　천 분 질 서　　불 가 패 리 이 상 도 야

5

문을 나갈 때는 큰 손님을 뵙는 듯이 하고, 집으로 들어올 때는 다른 사람이 있는 듯이 하라.

出門에 如見大賓하고 入室에 如有人이니라
출 문　여 견 대 빈　　입 실　여 유 인

6

만약 남이 나를 존중하기를 바란다면, 내가 먼저 남을 존중하는 것보다 중요한 것이 없느니라.

若要人重我_{인댄} 無過⁹我重人_{이니라}
약 요 인 중 아 　 무 과 아 중 인

7

부모는 자식의 덕행을 말하지 말며, 자식은 부모의 과오를 말하지 말지니
라.

父不言子之德_{하며} 子不談父之過_{니라}
부 불 언 자 지 덕 　 자 부 담 부 지 과

9　무과(無過): ~을 뛰어넘는 것이 없다. ~보다 우세한 것이 없다.

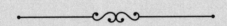

제18장

언어편(言語篇)

말은 이치에 맞고 신중해야 한다

1

유회가 말하였다.

"말이 이치에 맞지 않으면, 말하지 아니함만 못하느니라."

劉會曰 言不中理면 不如不言이니라
유 회 왈   언 부 중 리   불 여 불 언

2

한마디 말이 이치에 맞지 않으면, 천 마디 말이 쓸데없느니라.

一言不中이면 千語無用이니라[1]
일 언 부 중   천 어 무 용

3

군평이 말하였다.

"입과 혀는 불행과 근심의 문이 되고, 몸을 망치는 도끼가 되느니라."

君平曰 口舌者는 禍患之門이요 滅身之斧也니라
군 평 왈   구 설 자   화 환 지 문   멸 신 지 부 야

1   범본(范本)에서는 유회(劉會)의 말로 되어 있고, "不如不言" 다음에 연결되어 한 조목으로 되어 있다.

4

사람을 이롭게 하는 말은 솜처럼 따스하고, 사람을 상하게 하는 말은 가시처럼 날카롭다. 한마디 말로 사람을 이롭게 함은 소중하기가 천금의 가치가 있고, 한마디 말로 사람을 상하게 함은 아프기가 칼로 베는 것과 같으니라.

利人之言은 煖如綿絮하고
이 인 지 언   난 여 면 서

傷人之語는 利如荊棘하여
상 인 지 어   이 여 형 극

一言利人에 重值千金이요
일 언 리 인   중 치 천 금

一語傷人에 痛如刀割이니라
일 어 상 인   통 여 도 할

5

입은 사람을 상하게 하는 도끼요, 말은 혀를 베는 칼이니라. 입을 막고 혀를 깊이 감추면 몸을 보전할 수 있고 어느 곳에서도 안전할 것이니라.

口是傷人斧요   言是割舌刀니
구 시 상 인 부   언 시 할 설 도

閉口深藏舌이면 安身處處牢[2]니라
폐 구 심 장 설   안 신 처 처 뢰

---

2 안신처처뢰(安身處處牢): 안신(安身)은 몸을 보존하다, 처처(處處)는 도처에서, 어느 곳에서도, 뢰(牢)는 안전하다.

6

사람을 만나거든 말을 십분의 삼만 하고 온 마음을 전부 털어놓아서는 안 된다. 호랑이가 세 입을 벌리는 것이 두렵지 않고 오직 사람이 두 마음 품는 것이 두려울 뿐이니라.

逢人에 且說三分話하고 未可全抛一片心이니
봉 인   차 설 삼 분 화   미 가 전 포 일 편 심

不怕虎生三個口요 只恐人情兩樣心이니라
불 파 호 생 삼 개 구   지 공 인 정 양 양 심

7

술은 나를 잘 아는 친구를 만나면 천 잔도 적지만, 말은 적당한 시기가 아니면 한마디도 많으니라.

酒逢知己千鍾少요 話不投機^{3}一句多니라
주 봉 지 기 천 종 소   화 불 투 기 일 구 다

3 투기(投機): 딱 맞는 시기, 적절한 시기.

제19장

교우편(交友篇)

교제하는 친구를 신중하게 선택한다

1

공자가 말하였다.

"선한 사람과 함께하면 향기로운 지초와 난초가 있는 방에 들어간 것과 같아서 오래되면 그 향기를 맡지 못하나 곧 그 향기에 동화된다. 선하지 못한 사람과 함께하면 절인 생선 가게에 들어간 것과 같아서 오래되면 그 냄새를 맡지 못하나 또한 그 냄새에 동화된다. 주사(朱砂, 붉은색의 모래같은 광물질)를 간직하고 있는 것은 붉어지고, 검은 칠(黑漆)을 간직하고 있는 것은 검게 되느니라. 그러므로 군자는 반드시 더불어 교제하는 사람을 신중하게 선택해야 하느니라."

子曰 與善人居면　如入芝蘭之室하여　久而不聞其香이나 卽與之化矣요
자왈 여선인거　여입지란지실　구이불문기향　즉여지화의

與不善人居면 如入鮑魚之肆하여 久而不聞其臭나 亦與之化矣니
여불선인거　여입포어지사　구이불문기취　역여지화의

丹之所藏者는 赤하고 漆之所藏者는 黑이라
단지소장자　적　칠지소장자　흑

是以로 君子는 必愼其所與處者焉이니라[1]
시이　군자　필신기소여처자언

2

『가어(家語)』에서 말하였다.

"좋은 사람과 함께하면 마치 안개 속을 가는 것과 같아서 비록 옷은 적시

---

1 『공자가어(孔子家语)·육본(六本)』에 나오는 말이다.

지 않아도 때때로 젖어듦이 있고, 견식이 없는 사람과 함께 하면 뒷간에 앉은 것과 같아서 비록 옷은 더럽히지 않더라도 때때로 냄새를 맡게 되느니라."

家語云 與好人同行이면 如霧露中行하여 雖不濕依라도 時時有潤하고
가 어 운 여 호 인 동 행 　 여 무 로 중 행 　 수 불 습 의 　 시 시 유 윤

與無識人同行이면 如厠中坐하여 雖不汚衣 時時聞臭니라
여 무 식 인 동 행 　 여 측 중 좌 　 수 불 오 의 　 시 시 문 취

3

공자가 말하였다.

"안평중은 사람과 사귀기를 잘하였으니, 오래되어도 그를 공경하였도다."

子曰 晏平仲은 善與人交로다 久而敬之온여
자 왈 안 평 중 　 선 여 인 교 　 구 이 경 지

4

서로 아는 사람은 온 세상에 가득하건만, 마음을 아는 사람은 몇이나 되는고.

相識이 滿天下하되 知心能幾人고
상 식 　 만 천 하 　 지 심 능 기 인

5

함께 술 마시고 밥 먹는 친구가 천 명이나 되지만, 위급하고 어려울 때 도
와주는 친구는 하나도 없구나.

酒食兄弟²는 千個有로되 急難之朋은 一個無니라
주 식 형 제   천 개 유   급 난 지 붕   일 개 무

6

열매를 맺지 않는 꽃은 심으려 하지 말고, 의리 없는 친구는 사귀어서는
안 되느니라.

不結子花는 休要種이요 無義之朋은 不可交니라
불 결 자 화   휴 요 종   무 의 지 붕   불 가 교

7

군자의 사귐은 물처럼 담박하고, 소인의 사귐은 단술처럼 다느니라.

君子之交는 淡如水하고 小人之交는 甘若醴니라
군 자 지 교   담 여 수   소 인 지 교   감 약 례

2 주식형제(酒食兄弟)와 비슷한 말로 주육붕우(酒肉朋友), 주육형제(酒肉兄弟)가 있다. 이 말은 함께 어울
   려 다니며 쾌락을 추구하지만, 어려움에 처했을 때는 아랑곳하지 않는 친구를 말한다. 이와 반대로, 어
   려움에 처했을 때 곤란을 염려해주는 친구를 환난지교(患難之交)라고 힌디.

8

길이 멀면 말의 힘을 알 수 있고, 시간이 오래되면 사람의 마음을 알 수 있느니라.

路遙知馬力이요 日久見人心이니라
노 요 지 마 력   일 구 견 인 심

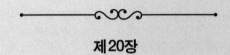

제20장

부행편(婦行篇)

훌륭한 여성은 네 가지 미덕을 갖춘다

1

『익지서』에서 말하였다.

"여자는 네 가지 덕의 칭송과 기림이 있어야 하니, 첫째는 부덕(婦德)이요, 둘째는 부용(婦容)이요, 셋째는 부언(婦言)이며, 넷째는 부공(婦工)이니라."

益智書云[1] 女有四德之譽하니 一日婦德이요 二日婦容이요
익 지 서 운   여 유 사 덕 지 예   일 왈 부 덕   이 왈 부 용

三日婦言이요 四日婦工也니라
삼 왈 부 언   사 왈 부 공 야

부덕(婦德)은 반드시 학문으로 명성이 탁월하고 출중함을 말하는 것이 아니요, 부용(婦容)은 반드시 얼굴이 아름답고 고움을 말하는 것이 아니요, 부언(婦言)은 반드시 구변이 좋고 말 잘하는 것이 아니요, 부공(婦工)은 반드시 손재주가 다른 사람보다 뛰어남을 말하는 것이 아니니라.

婦德者는 不必才名絶異요   婦容者는 不必顏色美麗요
부 덕 자   불 필 재 명 절 이   부 용 자   불 필 안 색 미 려

婦言者는 不必辯口利詞[2]요   婦工者는 不必技巧過人也니라
부 언 자   불 필 변 구 리 사   부 공 자   불 필 기 교 과 인 야

부덕이란 맑고 곧으며 청렴하고 절개를 지키고, 분수를 지키며 몸가짐을

---

1   범본(范本)에는 여계운(女誡云)으로 되어 있다. 「여계(女誡)」는 동한(東漢)의 반소(班昭)가 지은 것으로 모두 7편인데, 부녀자가 지켜야 할 규범을 말한 것이다.
2   변구리사(辯口利詞): 구변이 좋고 말을 잘함.

단정히 하고 행동거지에 부끄러움이 있고, 동작에 법도가 있는 것이니, 이것이 부덕이다. 부용이란 먼지나 때를 깨끗이 씻어 옷차림을 정결하게 하며, 목욕을 제때에 하여 몸에 더러움이 없게 하는 것이니, 이것이 부용이다. 부언이란 말을 가려서 하며 예의가 아닌 말을 하지 않고, 때가 된 뒤에 말을 하여 사람들이 그 말을 싫어하지 않게 하는 것이니, 이것이 부언이다. 부공이란 실 잣고 베 짜기에 전심전력하고, 술에 취하여 정신이 혼미해지는 것을 좋아하지 않고, 맛있는 음식을 갖추어 손님을 대접하는 것이니, 이것이 부공이다.

其婦德者는 淸貞廉節하여 守分整齊하고 行止有恥하여 動靜有法이니
기 부 덕 자   청 정 렴 절   수 분 정 제   행 지 유 치   동 정 유 법

此爲婦德也니라
차 위 부 덕 야

婦容者는 洗浣塵垢하여 衣服鮮潔하며 沐浴及時하여 一身無穢니
부 용 자   세 완 진 구   의 복 선 결   목 욕 급 시   일 신 무 예

此爲婦容也니라
차 위 부 용 야

婦言者는 擇師而說[3]하여 不談非禮하고 時然後言하여 人不厭其言이니
부 언 자   택 사 이 설   부 담 비 례   시 연 후 언   인 불 염 기 언

此爲婦言也니라
차 위 부 언 야

婦工者는 專勤紡績하여 勿好暈酒[4]하고 供具甘旨하며 以奉賓客이니
부 공 자   전 근 방 적   물 호 훈 주   공 구 감 지   이 봉 빈 객

此爲婦工也니라
차 위 부 공 야

---

3 범본(范本)에는 "擇辭而說"로 되어 있다. 이에 따라 해석한다.
4 훈주(暈酒): 술에 취하여 머리가 혼미해짐, 머리가 맑지 않음.

이 네 가지 덕은 부인이 없어서는 안 되는 것이다. 그것을 행하는 것은 매우 쉬운데, 그것을 행함에는 반드시 올바름이 있어야 하니, 이에 의거하여 행하면 부인의 덕행이 되느니라.

此四德者는 是婦人之所不可缺者[5]라 爲之甚易하고 務之在正하니
차 사 덕 자   시 부 인 지 소 불 가 결 자   위 지 심 이   무 지 재 정

依此而行이면 是爲婦節이니라
의 차 이 행   시 위 부 절

2

태공이 말하였다.

"부인의 예절은 말이 부드럽고 온화해야 하느니라."

太公曰 婦人之禮는 語必細[6]니라
태 공 왈 부 인 지 례   어 필 세

3

어진 부인은 남편을 존귀하게 하고, 악한 부인은 남편을 천박하게 하느니라.

5 "婦人之所不可缺者": 범본(范本)에는 "婦人之大德"으로 되어 있다.
6 세(細): 경세(輕細), 즉 부드럽고 온화함.

賢婦는 令夫貴하고 惡婦는 令夫賤이니라
현 부　영 부 귀　　악 부　영 부 천

4

집에 어진 아내가 있으면, 남편은 뜻밖의 화를 만나지 않느니라.

家有賢妻면 夫不遭橫禍니라
가 유 현 처　부 부 조 횡 화

5

어진 부인은 친척을 화목하게 만들고, 간악한 부인은 친척의 화목을 깨트리느니라.

賢婦는 和六親[7]하고 佞婦는 破六親이니라
현 부　화 육 친　　영 부　파 육 친

7　육친(六親): 원래는 부모(父母), 형제(兄弟), 처자(妻子)를 통틀어 이르는 말, 친척.

제21장

증보편(增補篇)

선을 쌓으면 선한 결과를,
악을 쌓으면 악한 결과를 가져온다

1

『주역』에서 말하였다.

"선(善)을 쌓지 않으면 이름을 이룰 수 없고, 악(惡)을 쌓지 않으면 몸을 망치지 않는다. 그런데 소인은 조그마한 선을 무익하다고 행하지 않고, 조그마한 악을 해롭지 않다고 버리지 않는다. 때문에 악이 쌓이면 가릴 수 없고, 죄가 커지면 없애지 못하느니라."[1]

周易曰 善不積이면 不足以成名이요 惡不積이면 不足以滅身이어늘
주 역 왈 선 부 적   부 족 이 성 명   악 부 적   부 족 이 멸 신

　　　小人은 以小善으로 爲无益而弗爲也[2]하고
　　　소 인   이 소 선   위 무 익 이 불 위 야

　　　以小惡으로 爲无傷而弗去也니라
　　　이 소 악   위 무 상 이 불 거 야

　　　故로 惡積而不可掩이요 罪大而不可解니라
　　　고   악 적 이 불 가 엄   죄 대 이 불 가 해

2

"서리를 밟으면 단단한 얼음이 얼게 되나니, 신하가 그 임금을 죽이고 자식이 그 아비를 죽이는 것은 일조일석(一朝一夕)에 이루어지는 일이 아니라, 그 유래한 바가 점진적으로 된 것이니라."[3]

1　이 말은『주역(周易)』·『계사(繫辭)·하(下)』에 나온다.
2　"无益而弗爲也": '무익(无益)'의 '무(无)'는 '無'와 같고, '불(弗)'은 '불(不)'과 같다.
3　이 말은『주역』·『곤괘(坤卦)·문언(文言)』에 나온다.

履霜하면 堅氷至[4]하나니 臣弑其君하며 子弑其父는 非一朝一夕之事라
이 상　　　건 빙 지　　　　신 시 기 군　　　자 시 기 부　　비 일 조 일 석 지 사

其所由來者漸矣니라
기 소 유 래 자 점 의

4　이 말은 원래 『주역ㆍ곤괘ㆍ초육(初六)』에 나온다. 이 말은 미세한 조짐을 보고서도 앞으로 닥칠 일을
　　미리 아는 것을 말한다.

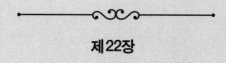

제 22 장

팔반가(八反歌)

어버이에게 효도하고 공경할 것을
반어적으로 노래하다

* 여덟 수로 『계궁록(桂宮錄)』에서 따온 것이다(八首 桂宮錄). 그러나 『계궁록(桂宮錄)』에 대해서는 자세하지
  않다. 이조전(李朝全) 역주 『明心寶鑑』(北京, 華藝出版社, 2014)에서는 팔반가(八反歌)를 『계궁지(桂宮誌)』에서
  따온 것으로 하였다.

1

아이가 혹 나의 잘못을 꾸짖으면 내 마음은 기쁨을 느끼지만, 부모가 나에게 화를 내시면 내 마음은 도리어 달가워하지 않는다. 하나는 기뻐하지만 하나는 달가워하지 않으니, 아이를 대하고 부모를 대하는 마음이 어찌 이렇게 현저한 차이가 있는가? 그대에게 권하노니, 오늘 어버이의 진노를 듣거든 어버이를 어린아이로 간주해 보라.

幼兒는 或詈[1]我하면 我心에 覺懽喜하고
유 아   혹 리 아   아 심   각 환 희

父母는 嗔怒我하면 我心에 反不甘이라
부 모   진 노 아   아 심   반 불 감

一喜懽一不甘하니 待兒待父心何懸고현저
일 희 환 일 불 감   대 아 대 부 심 하 현

勸君今日逢親怒어든 也應將親作兒看하라
권 군 금 일 봉 친 노   야 웅 장 친 작 아 간

2

아이들이 천 마디 말을 하더라도 그대는 들으면서 항상 지겹다고 하지 않지만, 부모가 한 번만 입을 열어도 쓸데없는 참견이라 하느니라. 쓸데없는 참견이 아니라 부모가 마음에 걸려서이니, 흰머리 되도록 긴 세월 동안 (살아오시면서) 사리에 밝기 때문이니라. 그대에게 권하노니, 연로한 부모의 말을 공경하여 받들고 젖내 나는 입으로 길고 짧음을 다투지 말라.

---

1 리(詈): 꾸짖다. 책망하다.

兒曹²는 出千言하되　君聽常不厭하고
아 조　출 천 언　군 청 상 불 염

父母는 一開口하면　便道多閑管이라
부 모　일 개 구　변 도 다 한 관

非閑管親掛牽³이니　皓首白頭에 多諳練⁴이라
비 한 관 친 패 견　호 수 백 두　다 암 련

勸君敬奉老人言하고　莫敎乳口爭長短하라
권 군 경 봉 로 인 언　막 교 유 구 쟁 장 단

3

아이의 똥과 오줌으로 더러워져도 그대 마음에는 싫거나 꺼려함이 없지
만, 연로한 부모의 콧물과 침이 떨어지면 도리어 미워하고 싫어하는 뜻이 있
느니라. 여섯 자 되는 몸이 어디서 왔는고? 부모의 정기와 모친의 피가 그대
의 몸을 이루었느니라. 그대에게 권하노니, 연로해 가는 부모를 공경하여 대
하라. 젊었을 때 그대를 위하여 살과 뼈가 닳으셨느니라.

幼兒尿糞穢는　君心에 無厭忌로되
유 아 뇨 분 예　군 심　무 염 기

老親涕唾零엔　反有憎嫌意니라
노 친 체 타 령　반 유 증 혐 의

六尺軀來何處오　父精母血成汝體니라
육 척 구 래 하 처　부 정 모 혈 성 여 체

2　아조(兒曹): 아이들. 조(曹)는 무리, 복수를 나타냄.
3　괘견(掛牽): 괘념하다. 마음에 두다.
4　암련(諳練): 사리를 밝게 알다.

勸君敬待老來人하라 壯時爲爾筋骨敝니라
권 군 경 대 로 래 인   장 시 위 이 근 골 폐

4

그대가 새벽에 시장에 가서 밀가루 떡을 사고 흰 떡을 사는 것을 보지만,
부모에게 드린다는 말은 적게 들었고 아이들에게 준다는 말은 많았느니라.
부모는 아직 맛보지 않았는데 아이가 먼저 배부르니, 자식의 마음은 부모의
마음보다 좋지 못하구나. 그대에게 권하노니, 떡 살 돈을 많이 내어 백발되
어 살 시간이 얼마 남지 않은 부모를 공양하라.

看君晨入市하여　買餠又買餻하니
간 군 신 입 시   매 병 우 매 고

少聞供父母하고　多說供兒曹라
소 문 공 부 모   다 설 공 아 조

親未啖兒先飽하니　子心이 不比親心好라
친 미 담 아 선 포   자 심   불 비 친 심 호

勸君多出買餠錢하여 供養白頭光陰少하라
권 군 다 출 매 병 전   공 양 백 두 광 음 소

5

시장의 약국에는 오직 아이를 살찌게 하는 약만 있고 부모를 건강하게 하
는 것은 없으니, 무슨 까닭으로 다르게 보는고? 아이도 병들고 부모도 병들
었을 때, 아이의 병을 고치는 것은 부모의 병을 고치는 것과는 견주지 못할

것이니라. 넓적다리를 베더라도 또한 부모의 살이도다. 그대에게 권하노니,
부모의 목숨을 조속히 보호해야 하느니라.

市間賣藥肆[5]에   惟有肥兒丸하고
시 간 매 약 사   유 유 비 아 환

未有壯親者하니   何故兩般[6]看고
미 유 장 친 자   하 고 양 반 간

兒亦病親亦病에   醫兒不比醫親症이라
아 역 병 친 역 병   의 아 불 비 의 친 증

割股還是親的肉이니   勸君亟保雙親命하라
할 복 환 시 친 적 육   권 군 극 보 쌍 친 명

6

부귀하면 부모를 봉양하기 쉬운데도 부모는 항상 편치 못한 마음이 있고,
빈천하면 아이를 기르기 어려운데도 아이는 배고픔과 추위를 받지 않는다.
한 마음 두 가지 길에, 아이를 위하는 것이 결국 부모를 위하는 것과 다른 점
이 있도다. 그대에게 권하노니, 부모 봉양을 아이 기르는 듯이 하고 모든 일
에 집안이 부유하지 못하다고 핑계삼지 말라.

富貴엔 養親易로되   親常有未安하고
부 귀   양 친 이   친 상 유 미 안

5 약사(藥肆): 약방, 약 파는 가게.
6 양반(兩般): 두 종류, 부류, 즉 동일한 약국을 두 부류로 다르게 본다는 의미.

貧賤엔 養兒難이되　兒不受饑寒이라
빈천　양아난　　아 불 수 기 한

一條心兩條路에　爲兒終不如爲父라
일조심양조로　　위 아 종 불 여 위 부

勸君養親如養兒하고　凡事莫推[7]家不富라
권군양친여양아　　　범 사 막 추 가 불 부

7

부모를 봉양함에는 다만 두 분뿐인데도 항상 형제들과 다투고, 아이를 기름에는 비록 열 명이라도 그대가 모두 혼자 스스로 맡는다. 아이가 배부르고 따뜻한가는 친히 항상 묻지만, 부모의 배고프고 추운 것은 마음에 있지 않다. 그대에게 권하노니, 부모를 봉양함에 반드시 힘을 다하라. 애초에 (부모가) 입을 것과 먹을 것을 그대에게 빼앗겼느니라.

養親엔 只有二人이로되　常與兄弟爭하고
양친　지유이인　　　　　상 여 형 제 쟁

養兒엔 雖十人이나　君皆獨自任이라
양아　수십인　　　　군 개 독 자 임

兒飽煖親常問하되　父母饑寒不在心이라
아포난친상문　　　부 모 기 한 부 재 심

勸君養親을 須竭力하라　當初衣食이 被君侵이니라
권군양친　수갈력　　　　당 초 의 식 　피 군 침

7　추(推): 책임을 전가하다. 핑계삼다.

8

부모는 온전히 자식을 사랑하지만 그대는 그 은혜를 생각하지 아니하고, 아이가 조금이라도 효도하면 그대는 그 이름을 드러내려 하느니라. 부모를 대함은 어둡고 아이를 대함은 밝으니, 누가 부모의 자식 기르는 마음 알 수 있을까? 그대에게 권하노니, 아이의 효도를 함부로 믿지 말아라. 아이의 모습은 그대 자신에게 달려 있느니라.

親有十分慈하되　　君不念其恩하고
친 유 십 분 자　　　군 불 념 기 은

兒有一分孝하면　　君就揚其名이라
아 유 일 분 효　　　군 취 양 기 명

待親暗待兒明하니　誰識高堂[8]養子心고
대 친 암 대 아 명　　수 식 고 당 양 자 심

勸君漫信兒曹孝하라 兒曹樣子在君身이니라
권 군 만 신 아 조 효　 아 조 친 자 재 군 신

8　고당(高堂): 부모의 의미.

제23장

효행편 · 속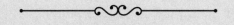(孝行篇 · 續)

효행에 관한 이야기

1

손순이 집이 가난하여 아내와 함께 남의 집에 품을 팔아 어머니를 봉양하였다. 손순에게는 어린아이가 있었는데 매번 어머니의 음식을 빼앗아 먹으니, 손순이 그 아내에게 말했다. "아이가 어머니의 음식을 빼앗아 먹으니, 아이는 다시 얻을 수가 있지만 어머니는 다시 얻기 어렵소." 이에 아이를 업고 취산(醉山) 북쪽 들에 가서 묻으려고 땅을 파다가 갑자기 매우 이상한 석종(石鐘)을 얻었다. 부부는 놀라고 괴이하게 여겨 시험삼아 두드렸더니 그 소리가 은은해서 들을 만하였다. 아내가 말하였다. "이상한 물건을 얻은 것은 아마도 이 아이의 복인 듯합니다. 이 아이를 묻어서는 안되겠습니다." 손순도 그렇게 여기고 아이와 석종을 지고 집으로 돌아와 종을 들보에 매달고 두드렸더니, (그 소리가 대궐까지 들리자) 왕이 그 종소리가 맑고 멀리 들리는 것이 보통 종소리가 아니라 여기고는 그 실상을 자세히 조사하게 하여 듣고는 말하였다. "옛날에는 곽거가 아들을 땅에 묻으려 하자 하늘에서 금솥을 내렸는데, 오늘에는 손순이 그 아이를 묻으려 하자 땅 속에서 석종이 솟아 나왔으니 전세(前世)의 효도와 후세의 효도를 천지가 서로 같게 보시는 것이로구나." 이에 집 한 채를 내리고 해마다 벼 50석을 주었다.

孫順이 家貧하여 與其妻로 傭作人家以養母할새
손 순 가 빈   여 기 처   용 작 인 가 이 양 모

有兒每奪母食이라 順이 謂妻曰 兒奪母食하니
유 아 매 탈 모 식   순 위 처 왈 아 탈 모 식

兒可得이어니와 母難再求라 하고 乃負兒往歸醉山北郊하여 欲埋掘地러니
아 가 득   모 난 재 구   내 부 아 왕 귀 취 산 북 교   욕 매 굴 지

忽有甚奇石鍾이어늘 驚怪試撞之하니 春容可愛라
홀 유 심 기 석 종　　　경 괴 시 당 지　　　용 용 가 애

妻曰 得此奇物은 殆兒之福이라 埋之不可라 한대
처 왈 득 차 기 물　　태 아 지 복　　　매 지 불 가

順이 以爲然하여 將兒與鍾還家하여 懸於樑撞之러니
순　이 위 연　　　장 아 여 종 환 가　　　현 어 양 당 지

王이 聞鍾聲淸遠異常하여 而覈聞其實하고
왕　문 종 성 청 원 이 상　　이 핵 문 기 실

曰 昔에 郭巨埋子에 天賜金釜러니 今에 孫順埋兒에 地出石鍾하니
왈 석　곽 거 매 자　천 사 금 부　　금　손 순 매 아　지 출 석 종

前後符同이라 하고 賜家一區하고 歲給米五十石하니라
전 후 부 동　　　사 가 일 구　　세 급 미 오 십 석

2

상덕이 흉년과 전염병을 만나서 부모가 굶주리고 병들어 죽음에 임박하였다. 상덕이 밤낮으로 옷을 벗지 않고 정성을 다하여 위안(慰安)하면서 봉양할 것이 없으면 허벅지 살을 베어 잡숫게 하고, 어머니가 종기가 나면 빨아서 곧 낫게 하였다. 왕이 그를 훌륭하게 여겨 매우 후하게 하사품을 내리고, 그 마을에 정문(旌門)[1]을 세우도록 명하고 비석을 세워 그 일을 기록하게 하였다.

尙德이 値年荒癘疫[2]하여 父母飢病濱死라
상 덕　치 년 황 려 역　　　부 모 기 병 빈 사

1　정문(旌門): 충신, 효자, 열녀 등을 표창하기 위하여 집 앞이나 마을 입구에 세우던 붉은 문.
2　연황어역(年荒癘疫): 연황(年荒)은 흉년, 여역(癘疫)은 전염병.

尙德이 日夜不解衣하고　　盡誠安慰하되
상 덕　　일 야 불 해 의　　　진 성 안 위

無以爲養이면 則刲髀肉食之하고
무 이 위 양　　즉 규 비 육 사 지

母發癰에 吮之卽癒라
모 발 옹　　연 지 즉 유

王이 嘉之하여 賜賚甚厚하고 命旌其門하고 立石紀事니라
왕　 가 지　　사 뢰 심 후　　명 정 기 문　　입 석 기 사

3

도씨는 집이 가난했지만 효성이 지극하였다. 숯을 팔아 고기를 사서 어머니의 반찬에 빠뜨리지 않았다. 하루는 장에서 늦어 바삐 돌아오는데 솔개가 갑자기 고기를 채 가거늘 도씨가 슬프게 울며 집에 이르니, 솔개가 벌써 집 안 뜰에 고기를 던져 놓았다. 하루는 어머니가 병이 나서 제철이 아닌 홍시를 찾으니, 도씨가 감나무 숲에서 이리저리 돌아다니다가 날이 저문 것도 몰랐는데, 이때 호랑이가 누차 앞길을 가로막으며 타라는 뜻을 나타내었다. 이에 도씨가 타고 백여 리나 되는 산동네에 이르러 인가를 찾아 묵었는데, 얼마 안 되어서 주인이 제삿밥을 올리는데 홍시가 있었다.

도씨가 기뻐하여 홍시의 내력을 묻고 또 자기의 뜻을 말하였더니, 대답하여 말하였다. "돌아가신 아버지가 홍시를 즐기시는지라 가을마다 홍시 200개를 가려서 굴 속에 저장하는데, 오월이 되면 (상하지 않고) 온전한 것이 7, 8개에 지나지 않았는데, 지금 50개나 온전한 것을 얻어서 마음속으로 이상하게 여겼는데, 이렇게 된 것은 하늘이 그대의 효성에 감동한 것이다." 이에 20개를 주니, 도씨가 감사의 인사를 하고 문밖에 나오자, 호랑이는 아직도 엎드

려 기다리고 있었다. 호랑이를 타고 집에 이르니 새벽 닭이 울었다. 나중에 어머니가 천명을 다하여 돌아가시자 도씨는 피눈물을 흘렸다.

都氏³家貧至孝라 賣炭買肉하여 無闕母饌이러라
도 씨 가 빈 지 효   매 탄 매 육   무 궐 모 찬

一日은 於市에 晚而忙歸러니 鳶忽攫肉이어늘
일 일 어 시 만 이 망 귀   연 홀 확 육

都悲號至家하니 鳶旣投肉於庭이러라
도 비 호 지 가   연 기 투 육 어 정

一日은 母病索非時之紅柿어늘 都彷徨柿林하여 不覺日昏이러니
일 일 모 병 색 비 시 지 홍 시 도 방 황 시 림   불 각 일 혼

有虎屢遮前路하고 以示乘意라
유 호 루 차 전 로   이 시 승 의

都乘至百餘里山村하여 訪人家投宿이러니
도 승 지 백 여 리 산 촌   방 인 가 투 숙

俄而主人이 饋祭飯而有紅柿라 都喜하여 問柿之來歷하고 且述己意한대
아 이 주 인 궤 제 반 이 유 홍 시 도 희   문 시 지 내 력   차 술 기 의

答曰 亡父嗜柿라 故로 每秋에 擇柿二百個하여
답 왈 망 부 기 시 고   매 추 택 시 이 백 개

藏諸窟中하여 而至此五月이면 則完者不過七八이라가
장 저 굴 중   이 지 차 오 월   즉 완 자 불 과 칠 팔

今得五十個完者라 故로 心異之러니 是天感君孝라 하고
금 득 오 십 개 완 자 고   심 이 지   시 천 감 군 효

遺以二十顆어늘 都謝出門外하니 虎尙俟伏이라 乘至家하니 曉鷄喔喔이러라
유 이 이 십 과   도 사 출 문 외   호 상 사 복   승 지 가   효 계 악 악

後에 母以天命으로 終에 都有血淚러라
후   모 이 천 명   종   도 유 혈 루

---

3 도씨(都氏): 행적이 자세하지 않음.

제24장

염의편(廉義篇)

청렴결백과 의리에 관한 이야기

1

인관이 시장에서 솜을 팔았다. 서조라는 사람이 곡식을 주고 그것을 사 가지고 돌아가는데, 소리개가 그 솜을 낚아채어 인관의 집에 떨어뜨렸다. 인 관이 서조에게 돌려주면서 "소리개가 너의 솜을 내 집에 떨어뜨렸으니 너에 게 돌려준다"라고 하니, 서조가 "소리개가 솜을 낚아채다가 너를 준 것은 하 늘이 한 것인데, 내가 어찌 받을 수 있겠는가?"라고 하였다. 인관이 "그렇다 면 너의 곡식을 돌려주겠다." 하자, 서조가 "내가 너에게 준 것은 거래한 지 이틀이나 되었으니 곡식은 이미 너의 것이다"라 하였다. 두 사람이 서로 양 보하다가 결국 저자에 버렸다. 시장 관리가 이를 왕에게 아뢰니, 두 사람에 게 모두 작위를 내렸다.

印觀이 賣綿於市할새 有署調者以穀買之而還이러니
인 관 매 면 어 시 유 서 조 자 이 곡 매 지 이 환

有鳶이 攫其綿하여 墮印觀家어늘
유 연 확 기 면 타 인 관 가

印觀이 歸于署調曰 鳶墮汝綿於吾家라 故로 還汝하노라
인 관 귀 우 서 조 왈 연 타 여 면 어 오 가 고 환 여

署調曰 鳶이 攫綿與汝는 天也라 吾何受爲리오
서 조 왈 연 확 면 여 여 천 야 오 하 수 위

印觀曰 然則還汝穀하리라
인 관 왈 연 즉 환 여 곡

署調曰 吾與汝者市二日이니 穀已屬汝矣라하고
서 조 왈 오 여 여 자 시 이 일 곡 이 속 여 의

二人이 相讓이라가 幷棄於市하니라
이 인 상 양 병 기 어 시

掌市官이 以聞王하니 並賜爵하니라
장 시 관 이 문 왕 병 사 작

2

홍기섭이 젊었을 때 매우 가난하여 먹을거리가 없었다. 하루는 아침에 여자 종이 뛰어와서 돈 일곱 냥을 바치며 말하였다. "이것이 솥 안에 있었습니다. 이 정도면 쌀이 몇 섬이요, 나무가 몇 바리입니다. 하늘이 주신 것입니다, 하늘이 주신 것입니다." 공이 놀라 말하기를, "이것이 무슨 돈인고?" 하며, 즉시 '돈을 잃어버린 사람은 찾아 가시오.' 등의 글자를 써서 문미[1]에 붙였다. 이윽고 유(劉)씨라는 자가 찾아와 글 뜻을 물었다. 공이 자초지종을 자세히 말해 주었다. 유씨가 말하였다. "이치상 남의 솥 안에다 돈을 잃어버릴 수가 없습니다. 참으로 하늘이 주신 것인데 어찌 취하지 않으시는지요?" 공이 말하였다. "내 물건이 아닌데 어찌 취할 수 있겠소?" 유씨가 꿇어 엎드리며 말하였다. "소인이 어젯밤 솥을 훔치러 왔다가 집안 형편이 좋지 못한 것을 보고 도리어 가련하게 여겨 놓고 갔는데, 지금 공의 청렴에 감복되어 양심이 절로 우러나서 다시는 도둑질 하지 않기를 맹세하고 항상 모시기를 원하오니, 염려마시고 취하시기 바랍니다." 이에 공이 즉시 돈을 돌려주며 "네가 좋은 사람이 된 것은 좋으나 돈은 취할 수 없느니라." 하고 끝내 받지 않았다. 나중에 공은 판서(判書)가 되고, 그의 아들 재룡(在龍)은 헌종의(憲宗) 장인이 되었으며, 유씨도 또한 신임을 받아 자신과 집안이 크게 번창하였다.

---

1 문미(門楣): 문 위에 가로 놓여 벽체 무게를 받아주는 구조. 문 위에 가로 댄 나무.

洪公耆燮이 少貧甚無料²러니
홍 공 기 섭　 소 빈 심 무 료

一日朝에 婢兒踊躍獻七兩錢曰
일 일 조　 비 아 용 약 헌 칠 량 전 왈

此在鼎中하니 米可數石이요 柴可數馱니 天賜天賜니이다
차 재 정 중　 미 가 수 석　 시 가 수 타　 천 사 천 사

公驚曰 是何金고하고 卽書失金人推去³等字하여
공 경 왈 시 하 금　 즉 서 실 금 인 추 거 등 자

付之門楣而待러니 俄而姓劉者來問書意어늘 公悉言之한대
부 지 문 미 이 대　 아 이 성 류 자 래 문 서 의　 공 실 언 지

劉曰 理無失金於人之鼎內하니 果天賜也라 盍取之닛고
류 왈 이 무 실 금 어 인 지 정 내　 과 천 사 야　 합 취 지

公曰 非吾物에 何오
공 왈 비 오 물　 하

劉俯伏曰 小的이 昨夜에 爲竊鼎來라가 還憐家勢蕭條⁴而施之러니
유 부 복 왈 소 적　 작 야　 위 절 정 래　 환 련 가 세 소 조 이 시 지

今感公之廉价하고 良心自發하여 誓不更盜하고
금 감 공 지 렴 개　 양 심 자 발　 서 불 갱 도

願欲常侍오니 勿慮取之하소서
원 욕 상 시　 물 려 취 지

公卽還金曰 汝之爲良則善矣나 金不可取라 終不受하니라
공 즉 환 금 왈 여 지 위 량 즉 선 의　 금 불 가 취　 종 불 수

2　무료(無料): 통행본은 거의 '무료(無聊)'로 되어 있다. '무료(無料)'로 되는 것이 더 적절하다. '料'에는 '사람에게 식용으로 비축한 물품' 등의 뜻이 있다. 이로써 '무료(無料)'는 '먹을 거리(양식)가 없다'라는 의미이다. 이에 '무료(無料)'로 고치고 이에 따라 해석한다. 범본(范本)에는 "無料一日朝"로 되어 있는데, 이 경우 '無料'는 '생각지 않게', '뜻하지 않게'의 의미이다. 즉 "생각지 않게, 하루는 아침에"로 해석된다.

3　추거(推去): 찾아서 가져감.

4　소조(蕭條): 사전적 의미는 조락, 영락, 쇠미, 문장에서는 가정 형편이 좋지 않음을 말함.

後에 公爲判書하고 其子在龍이 爲憲宗國舅[5]하며
후   공위판서   기자재룡   위헌종국구

劉亦見信하여 身家大昌하니라
유역견신   신가대창

3

고구려 평원왕의 딸이 어렸을 때 울기를 좋아하니, 왕이 놀리며 말하였다. "너를 바보 온달에게 시집보내리라." 장성하여, 상부(上部) 고씨(高氏)에게 시집 보내려 하자, 딸이 임금으로서 식언을 해서는 안 된다하며, 굳이 사양하고 마침내 온달의 아내가 되었다. 온달은 집이 가난하여 구걸해서 모친을 봉양하였는데, 당시 사람들은 바보 온달로 간주하였다. 하루는 온달이 산 속에서 느릅나무 껍질을 짊어지고 돌아오니 공주가 방문하여 "내가 당신의 아내입니다." 하고는, 머리 장식품을 팔아서 전답과 집과 기물을 제법 많이 사고, 말을 많이 길러서 온달을 도우니 마침내 벼슬이 혁혁하고 영화롭게 되었다.

高句麗平原王之女 幼時에 好啼러니
고구려평원왕지녀 유시   호제

王戱曰以汝로 將歸于愚溫達하리라
왕희왈이여   장귀우우온달

---

5 헌종국구(憲宗國舅): 신숙주(申叔舟)의 『국조보감(國朝寶鑑)』 제85권, 헌종(憲宗)조3 10년(갑진, 1884)에 "10월, 홍씨(洪氏)를 책봉하여 왕비로 삼았으니 판서 홍재룡(洪在龍)의 딸이다."라는 말이 있다. 이로써 보면, '헌종국구'는 '헌종의 장인'의 뜻이다.

及長에 欲下嫁于上部高氏한대
급 장   욕 하 가 우 상 부 고 씨

女以王不可食言이라 하여 固辭하고 終爲溫達之妻하니라
여 이 왕 불 가 식 언   고 사   종 위 온 달 지 처

蓋溫達이 家貧하여 行乞養母하니
개 온 달   가 빈   행 걸 양 모

時人이 目爲愚溫達也러라
시 인   목 위 우 온 달 야

一日은 溫達이 自山中으로 負楡皮而來하니
일 일   온 달   자 산 중   부 유 피 이 래

王女訪見曰 吾乃子之匹也라 하고
왕 녀 방 견 왈 오 내 자 지 필 야

乃賣首飾하여 而買田宅器物頗富하고
내 매 수 식   이 매 전 택 기 물 파 부

多養馬以資溫達하여 終爲顯榮[6]하니라
다 양 마 이 자 온 달   종 위 현 영

6 현영(顯榮): 벼슬, 관직 등에서 혁혁하고 영화롭다.

제 25장

권학편(勸學篇)

오늘 배우지 않아도
내일이 있다고 말해서는 안 된다

1

주자가 말하였다.

"오늘 배우지 않아도 내일이 있다고 말하지 말며, 올해 배우지 않아도 내년이 있다고 말하지 말라. 해와 달은 가노니, 세월은 나를 기다려 주지 않도다. 아 늙었도다. 이 누구의 허물인가"

朱子曰 勿謂今日不學而有來日하며
주 자 왈 물 위 금 일 불 학 이 유 래 일

勿謂今年不學而有來年하라
물 위 금 년 불 학 이 유 래 년

日月逝矣라 歲不我延[1]이니
일 월 서 의   세 불 아 연

嗚呼老矣라 是誰之愆고[2]
오 호 로 의   시 수 지 건

2

"젊은 시절은 늙기 쉽고 학문은 이루기 어렵나니,
짧은 시간이라도 가벼이 여기지 말라.
연못 가 봄풀의 꿈을 아직 깨지도 못했는데,
섬돌 앞 오동 잎은 벌써 가을 소리를 내는구나."

---

1   연(延): 기다리다.
2   이 문장은 주희(朱熹)의 「권학문(勸學文)」이다.

少年易老學難成하니
소 년 이 로 학 난 성

一寸光陰不可輕이라
일 촌 광 음 불 가 경

未覺池塘春草夢인대
미 각 지 당 춘 초 몽

階前梧葉已秋聲이라³
계 전 오 엽 이 추 성

3

도연명의 시에 말하였다.

"청춘 시절은 두 번 다시 오지 않고,

하루에 두 번의 새벽은 오기 어렵도다.

때에 미쳐서 마땅히 학문에 힘쓰라.

세월은 사람을 기다려 주지 않느니라."

陶淵明詩⁴云 盛年⁵不重來하고 一日難再晨이니
도 연 명 시 운   성 년 부 중 래   일 일 난 재 신

3 이 시는 주희(朱熹)의 「우성(偶成)」이다.
4 이 시는 도연명(陶淵明)의 「잡시(雜詩)」 첫 번째에 있는 시구이다.
5 성년(盛年): 청장년 시기를 말함.

及時當勉勵[6]하라　歲月不待人이니라[7]
급 시 당 면 려　　세 월 부 대 인

4

순자가 말하였다. "반 걸음을 쌓지 않으면 천리에 이르지 못하고, 작은 물
줄기가 모이지 않으면 강이나 바다를 이루지 못하느니라."

子曰 不積頣步[8]면 無以至千里요
자 왈 부 적 규 보　　무 이 지 천 리

不積小流면　無以成江海[9]니라[10]
부 적 소 류　　무 이 성 강 하

6　급시(及時): 때에 미쳐서, 즉 청춘 시기에 미쳐서. 면려(勉勵): 힘을 다하다, 노력하다.
7　조선시대 이원(李原, 1368-1429)의 『용헌집(容軒集)』 제2권에 「조카에게 보내다(寄姪)」라는 시가 있는
　　데, 조카에게 학문을 권면하는 내용이다. 주희의 「권학문」 및 「우성」, 도연명의 시와 그 표현, 내용이
　　비슷하다.

「조카에게 보내다(寄姪)」

여러 해 동안 멀리 헤어져, 그리운 생각 날마다 새로웠네.	數年遠爲別, 情思惟日新.
갈 길은 진실로 아득하여, 월나라 진나라와 같았네.	道途諒緬邈, 有如越與秦.
그리워도 볼 수가 없기에, 돌아보면, 비통만 더해졌네.	相思不可見, 回首愁辛.
독서하고 미덕을 숭상하면, 이 몸도 도달할 수 있다네.	讀書崇令德, 可能致此身.
어린 시절에 노력하지 않으면, 늙어서는 상심할 뿐이라네.	幼年不努力, 老至徒傷神.
내 듣건대, 배우지 않은 사람은, 누구와도 견줄 수 없다 하네.	予聞不學者, 無物堪比倫.
촌음도 허송해서는 안 되나니, 세월은 사람을 기다리지 않는다네.	寸陰莫虛度, 日月不待人.
말하노니, 내 경계를 명심하여, 큰 띠에 써서 잊지 말지어다.	爲言服我規, 勿忘書諸紳.

8　규보(頣步): 반 걸음. 어떤 곳에는 '규보(跬步)'로 되어 있다.
9　강해(江海): 강과 바다. 어떤 곳에는 '강하(江河)'로 되어 있다.
10　이 말은 『순자(荀子)·권학(勸學)』에 나온다.

부록

인물 색인
저작 색인

고종황제(高宗皇帝, 趙构, 1107-1187) 122

송(宋)의 고종황제는 이름이 조구(趙构), 자는 덕기(德基)이며, 남송(南宋)의 개국 황제로 35년 동안 재위했다. 북송 시기 그는 '강왕(康王)'으로 봉해졌다. 1127년(靖康 2년) 금(金)나라 군대가 휘종(徽宗)·흠종(欽宗)을 포로로 잡아간 뒤, 조구가 남경 응천부(南京 應天府(지금의 河南商丘)에서 즉위하여 연호를 건염(建炎)으로 고치고 송조(宋朝)를 중건하였는데 이를 남송(南宋)이라 한다. 그는 금나라에 항전하자는 주전파의 주장을 거절하고 남쪽으로 내려와 임안부(臨安府, 지금의 浙江杭州)에 수도를 정하였다. 건염 3년(1129)에 묘부(苗傅)·류정언(劉正彦)이 이른바 '묘류병변(苗劉兵變)'을 일으켜 고종을 퇴위시키고 황태자 조부(趙旉)를 황제로 옹립하여 연호를 명수(明受, 明授)라 하였다. 그러자 재상 장준(張浚)이 군사를 일으켜 그를 폐위시키고 다시 고종을 복위시켰다. 소흥(紹興32년, 1162)에 송(宋) 효종(孝宗) 조신(趙昚)에게 선위하였다. 순희(淳熙) 14년에 향년 81세로 세상을 떠났다. 시호(諡號)는 성신무문헌효황제(聖神武文憲孝皇帝), 묘호(廟號)는 고종(高宗)이다.

곽거(郭巨, 생졸년 미상) 204

생졸년은 자세하지 않다. 동한(東漢) 융려(隆廬, 지금의 河南安陽林州市, 일설에는 河内溫縣, 지금의 河南溫縣 西南) 사람으로 알려졌다. 효성으로 이름이 났다. '아이를 묻어서 모친을 봉양했다(埋兒奉母)'는 이야기는 『내구현지(内邱縣志)』에 수록되고, 동진(東晉)의 간보(干寶)가 편찬한 『수신기(搜神記)』에도 기록되었다. 나중에는 『전상이십사효시선(全相二十四孝詩選)』, 즉 『이십사효(二十四孝)』에도 들어감으로써 널리 전승되었다.

공자(孔子, 孔丘, BC.552-BC.479) 12, 17, 23, 26, 30, 31, 41, 45, 49, 58, 61, 74, 75, 95, 111, 128, 140, 170, 171, 180, 181

공자는 이름이 구(丘), 자(字)는 중니(仲尼)이다. 중국 춘추시대 노(魯)나라(지금의 山東省)에서 부친인 숙량흘(叔梁紇)과 모친인 안징재(顏徵在) 사이에서 태어났다. 어릴 적에 항상 조두(俎豆, 제기의 일종)를 늘어놓고 예모를 차리며 놀았다고 한다. 공자는 3세 때 아버지를 여의고 모친의 가르침을 받으며 어려운 가정환경 속에서 성장하면서도 학문에 뜻을 두었다. 공자는 대략 20세 때부터 관직에 나아가고자 하였다. 위리(委吏)가 되어서 창고 관리를 하면서도 수량이 틀리지 않았고, 사직리(司職吏)가 되어서는 목축을 잘 관리하여 가축이 번식하였다. 주(周)나라에 가서 노자(老子)에게 예(禮)를 물었고 돌아오자 제자들이 더욱 모였다.

노나라 정공(定公) 9년에 정공이 공자를 신임하여 중도(中都) 재(宰)를 시켰는데, 일년이 되자 사방에서 공자를 본받게 되었다. 이에 마침내 대사구(大司寇, 사법의 장관)로 승진되었다. 노나라와 제(齊)나라 양국의 회합에서 제나라부터 빼앗긴 성을 돌려받고, 당시 계손씨(季孫氏) · 맹손씨(孟孫氏) · 숙손씨(叔孫氏) 세 권세가들의 전횡을 막는 개혁 정치를 단행하며 계손씨의 삼도(三都)를 함락시키고 무기를 몰수하였다. 또한 국상의 직무를 대행하여 소정묘(少正卯)를 처형하였다. 국정에 참여한 지 3개월이 되자 노나라가 잘 다스려졌다.

그러나 세 권세가들의 횡포, 정공의 개혁 의지의 약화, 예법의 문란 등으로 관직을 물러나서 정공(定公) 14년 공자의 56세에 노나라를 떠나 천하를 주유하였다. 위 · 진 · 송 · 채 · 초나라 등을 대략 14년 동안 떠돌아 다니면서 제후에게 자신의 인(仁), 예(禮)의 정치 이상을 역설하였지만, 당시 패권의 부국강병을 위한 현실정치는 그의 정치 이상을 받아들이지 못하였다. 주유천하 과정에서 죽을 고비를 넘기면서도 자신의 이상을 실현하려던 강한 집념에도 불구하고 끝내 숙원을 이루지 못하고 결국 68세 때 노나라에 돌아왔다. 이후 세상을 떠날 때까지 제자 교육과 학문에 전념하였다. 『시(詩)』·『서(書)』·『예(禮)』·『악(樂)』·『주역(周易)』 등을 편집·정리하고 노나라 역사서 『춘추(春秋)』를 편찬하였다. 노나라 애공(哀公) 16년(BC.479년 4월 11일)에 공자는 병환으로 세상을 떠났는데 그의 나이 73세였다. 그의 제자들은 3년 동안 그의 묘를 지켰는데, 자공(子貢)은 6년 동안 공자의 묘를 지켰다. 『논어(論語)』는 공자의 제자들이 편찬한 것인데, 공자의 언행 및 제자들과의 문답을 기록한 것이다. 『논어』는 유가의 주요 경전이다.

구래공(寇萊公, 寇准, 961-1023) 65

구준은 자가 평중(平仲), 화주하규(華州下邽, 現 陝西渭南) 사람이다. 북송(北宋)의 정치가, 시인이다. 시호는 충민(忠愍)이고 내국공(萊國公)의 벼슬을 받았기 때문에 구충민(寇忠愍) 혹은 구래공(寇萊公)이라 불렸다. 『구충민시집(寇忠愍詩集)』 3권이 전한다.

도연명(陶淵明, 352 혹 365-427) 217

도연명은 동진(東晉) 말·남송(南宋) 초기의 시인이다. 자(字)가 원량(元亮), 혹 연명(淵明)이라 한다. 버드나무 다섯 그루를 심어 놓고 지냈다고 해서 오류(五柳) 선생이라고도 한다. 만년에는 잠(潛)이라 하였다. 죽은 뒤, 친구가 정절(靖節)이라는 시호를 내리자, 후인들이 정절선생(靖節先生)이라 불렀다. 심양(潯陽, 지금의 江西省 九江市) 시상(柴桑) 사람이다. 그의 가문은 원래 명문세가였는데 동진(東晉) 후기와 진(晉)과 송(宋)이 교체하는 시기에 가세가 쇠락하였다. 그는 29세에 벼슬길에 나아가 강주좨주(江州祭酒)·진군참군(鎭軍參軍)·건위참군(建衛參軍)·평택현령(彭澤縣令) 등의 관직을 역임하였다. 그러나 그의 관직 생활은 매번 매우 짧았다. 그는 몇 번의 출사에서 관직 사회의 부패와 타락을 목격하였다. 그가 평택현령이었을 때 주(州)의 자사가 평택령으로 순찰사를 보낸다고 하자, 아전이 예복을 갖추어 맞이해야 한다고 하였다. 이에 "나는 쌀 닷 말 때문에 허리를 꺾을 수 없는데, 향리의 소인배들을 정성스럽게 대할 수 있겠는가!(吾不能爲五斗米折腰, 拳拳事鄕裏小人邪)"라고 하였다. 이에 관복을 벗고 평택현을 떠나 전원으로 돌아갔다. 돌아가면서 지은 것이 바로 「귀거래사(歸去來辭)」이다. 41세에 전원으로 돌아와 자유롭고 한적한 전원생활을 하였다. 이후로 23년 동안 가슴에는 우분(憂憤)이 쌓이고 생활의 궁핍과 병고로 힘든 생활을 하였지만, 벼슬길에 나가겠다는 생각을 더 이상 하지 않았다. 63세에 가난과 질병 속에서 세상을 떠났다. 그의 시는 전원에서의 은일 및 농촌생활에서 나오는 감정을 평이하고 담박한 필치로 표현하였다. 이로써 그의 작품은 자연과 합일되고, 세속의 티끌을 초탈하는 맑고 깊은 운치가 흘러넘쳤다. 도연명의 작품은 당시 유미주의의 화려한 풍격과는 매우 달랐기 때문에 크게 주목받지 못하였지만, 그의 고결한 인품과 작품의 내용 및 풍격을 중시하는 사람이 점차 늘어났다. 양(梁)나라의 종영(鍾嶸)의 『시품(詩品)』에서는 도연명을 '고금 은일시인의 으뜸(隱逸詩人之宗)'이라 높이 평가하였으며, 특히 북송(北宋)의 소식(蘇軾 : 1037-1101, 호는 東坡)은 도연명을 중국 역사상 최고의 시인이라 극찬하였다. 도연명 작품 가운데 시로는 「음주이십수(飮酒二十首)」, 산문으로는 「귀거래사(歸去來辭)」·「도화원기(桃花源記)」·「오류선생전(五柳先生傳)」 등이 유명하다.

동악성제(東岳聖帝) 16
도가(道家)에서 받드는 인물. 그에 대해서는 자세하지 않다.

마원(馬援, BC.14-AD.49) 14, 38
마원은 후한(後漢)의 장군으로 자는 문연(文淵)이며 무릉(茂陵) 출신이다. 어려서부터 큰 뜻을 품고 부지런히 글을 배우는 한편 무예도 닦아 정통했으므로 얼마 뒤에는 고향인 부풍군(扶風郡)의 독우관(督郵官)이 되었다. 처음에 왕망(王莽)을 도와서 한중랑태수(漢中郎太守)가 되었다. 왕망이 망한 뒤에 외효(隗囂) 밑에서 벼슬하였다. 나중에는 광무제(光武帝) 유수(劉秀, BC.6-AD.57)에게 귀의하여 장군이 되어 외효를 격파하였다. 태중대부(太中大夫)에 이어 건무(建武) 11년(AD.35년) 농서태수(隴西太守)가 되어 군대를 이끌고 선령강(先零羌)을 격파했다. 주민들에게 농사와 목축을 권장해서 서쪽 변경을 안정시켰다. 건무17년(AD.41년)에 복파장군(伏波將軍)에 임명되어 교지(交趾, 북베트남) 지방에서 봉기한 징칙(徵側)과 징이(徵貳) 자매의 반란을 토벌하고, 하노이 부근의 낭박(浪泊)까지 진출하여 그곳을 평정하였다. 19년(AD.43년)에 신식후(新息侯)에 봉해졌다. 노령에도 불구하고 남방의 무릉만(武陵蠻)을 토벌하기 위해 출정했지만 열병환자가 속출하여 고전하다가 전장에서 병으로 죽었다. 장제(章帝) 건초(建初) 초에 충성(忠成)이라는 시호를 받았다. 저서에 『동마상법(銅馬相法)』이 있다.

맹자(孟子, 孟軻, BC.371경-BC.289경) 20

맹자는 전국(戰國)시대 추(鄒)나라 사람으로 이름은 가(軻), 자는 자여(子輿)·자거(子車 또는 子居), 시호는 추공(鄒公)이다. 공자의 철학사상을 계승 발전시켜 공자와 더불어 유가를 대표 인물로서 추앙된다.

『맹자』는 BC.280년경에 편찬되었는데, 맹자의 언행을 기록하고, 그의 인의(仁義)·성선설·왕도정치 등의 내용을 담고 있다. 「양혜왕편(梁惠王篇)」·「공손추편(公孫丑篇)」·「등문공편(滕文公篇)」·「이루편(離婁篇)」·「만장편(萬章篇)」·「고자편(告子篇)」·「진심편(盡心篇)」 등 모두 7편으로 되어 있는데, 각 편은 상하로 나뉘기 때문에 실제로는 14편이다.

『맹자』는 진(秦)·한(漢)·당(唐)시대에는 유교의 경전이 아니었다. 때문에 『한서(漢書)』 예문지(藝文志)에는 '제자'로 분류되었다. 송대에 이르러 주자(朱子)가 『맹자』를 '사서(四書)'로 삼고 『맹자집주(孟子集注)』를 저술하였는데, 그 이후로 『맹자』는 유학사상의 중요한 경전이 되었다.

명도선생(明道先生; 程顥, 1032-1085) 154, 157

송나라 유학자 정호를 말함. 하남성(河南省) 낙양(洛陽)에서 태어났다. 자는 백순(伯淳), 휘(諱)는 순공(純公), 명도는 그의 호. 아우 이천(伊川)과 함께 이정자(二程子)라고 일컬어졌다. 젊은 시절 관계에 들어가 지방관을 거쳐 신종 때에 어사가 되었다. 왕안석(王安石)의 신법과 맞지 않아 관직을 떠났다. 처음에 그의 아우 이천과 함께 주렴계(周濂溪)에게 학문을 배우고 노장(老莊) 및 불교에 관심을 가졌으나 다시 육경(六經)에서 도를 찾았다. 그의 철학은 기(氣)철학으로 대변되며 '음양이기(陰陽二氣)'의 철학에 새로운 해석을 하였다. 즉 우주 만물은 '음양이기'의 교감(交感)에 의해 생성된다고 생각하고 그것을 건원(乾元)의 일기(一氣)로 통일시키고자 했다. 또한 만물의 차이는 음양(陰陽) 교감의 도(度)에 기인된다고 생각하였다. 그는 또한 당시 성리학자들과는 달리 성(性)에 선악의 구별을 세우지 않고 선악을 후천적인 요소에 의한 것이라 보았다. 악으로 흐르지 않고 선에 도달하는 수양 방법으로 우주의 진의(眞意)를 직각(直覺)하는 방법을 취했다. 그의 문장 가운데 특히『정성서(定性書)』는 장재(張載: 1020-1077)와 담론을 통해 인성(人性)에 대한 관점을,『식인편(識仁篇)』은 인(仁)에 관한 관점을 드러낸 것이다. 그의 학설은 주자(朱子)에게 전승되고 그의 직관적 방법은 육구연(陸九淵)의 심학(心學)에 기여하였다.

무왕(武王, 姬發, 생몰년 미상) 147, 148, 149, 150, 151

주(周)나라 무왕의 이름은 희발(姬發)이고 생몰연대는 미상. 문왕(文王)의 둘째 아들로 문왕이 죽은 후에 왕위를 계승하였다. 아우 주공 단(周公 旦)과 협력하여 은(殷)나라 주왕(紂王)을 쳐서 멸하고 주(周)왕조를 세웠다. 무왕은 태공망(太公望) 여상(呂尙))을 국사(國師)로 삼아 정치를 하였다.

문중자(文仲子; 王通, 584-617) 164

문중자 왕통(王通)은 수(隋)나라 사람이다. 자(字)는 중엄(仲淹), 호(號)는 문중자(文中子)이다. 하동군 용문현 통화진(河東郡龍門縣通化鎭, 지금의 山西省萬營, 일설에는 山西河津) 사람이다. 저명한 교육가, 사상가이다. 그의 저작으로『속서(續書)』・『속시(續詩)』・『원경(元經)』・『예경(禮經)』・『악론(樂論)』・『찬역(贊易)』이 있었으나 모두 전하지 않는다. 그의 제자 요의(姚乂), 설수(薛收)가 편집한『문중자설(文中子說)』(일명『中說』)만이 남아 있다. 그 체제는『논어(論語)』를 모방하였다. 그가 문인들과 나눈 대화를 분류하고 정리하여 왕도・천지・사군・주공・문역・예악・술사・위상・입명・관랑 각 편을 각각 1권으로 하여, 모두 10권으로 되어 있다. 그는 유・불・도 3교의 합일을 주장했으며, 기본 바탕은 유학에 두었다. 송(宋) 완일(阮逸)의『문중자중설주(文中子中說注)』가 있다.

범익겸(范益謙, 范沖, 1067-1142) 145

범익겸은 남송(南宋) 화양(華陽, 지금의 四川成都) 사람이다. 범조우(范祖禹, 1041-1098)의 아들 범충(范沖)으로 자(字)는 익겸이다. 철종(哲宗) 소성(紹聖) 원년(1094)에 진사(進士)가 되었다. 고종(高宗)이 즉위 이후 양회전운부사(兩淮轉運副使)를 역임했다. 소흥(紹興) 4년(1134)에 종정소경겸직사관(宗正少卿兼直史館)이 되어 신종(神宗)과 철종 양조(兩朝)의 실록(實錄)을 중수했다. 나중에 한림시독학사(翰林侍讀學士)가 되었다.

범충선(范忠宣, 范純仁, 1027-1101) 61

북송(北宋) 때의 재상으로 이름은 순인(純仁)이며 시호(謚號)는 충선(忠宣)이다. 당시 포의재상(布衣宰相)이라 불렸다. 참지정사(參知政事)인 범중엄(范仲淹)의 둘째 아들이다. 송(宋) 인종(仁宗) 황우(皇祐) 원년의 진사(進士)이다. 호원(胡瑗)・손복(孫復)에게서 학문을 익혔다. 철종(哲宗) 때 급사중(給事中), 원우(元祐) 원년에 동지추밀원사(同知樞

密院事)가 되었다. 철종(哲宗)이 친정(親政)하였을 때 영주(永州)로 폄적되었다. 휘종(徽宗) 때에 관문전대학사(觀文殿大學士)에 복권되고, 이후에 병을 칭하여 벼슬에서 물러나기를 청하였다. 저작에 『범충선공집(范忠宣公集)』이 있다.

사마온공(司馬溫公, 司馬光, 1019-1068) 14, 162

사마온공 사마광(司馬光)은 북송(北宋)의 정치가, 학자로 자는 군실(君實)이고, 호는 우부(迂夫) 또는 우수(迂叟), 시호는 문정(文正)으로 사마지(司馬池)의 아들이다. 속수선생(涑水先生)이라고도 하고 죽은 뒤 온국공(溫國公)에 봉해져 사마온공(司馬溫公)이라고 한다. 어릴 때부터 총명하여 배우기를 좋아했다. 부음(父蔭)으로 장작감주부(將作監主簿)가 되었다. 인종(仁宗) 보원(寶元) 원년(1038)에 진사가 되었다. 지간원(知諫院)과 한림학사(翰林學士), 권어사중승(權御史中丞)을 역임하고, 다시 한림겸시독학사(翰林兼侍讀學士)가 되었다. 왕안석(王安石)이 시행한 신법(新法)을 극력 반대하여 "조종의 법은 바뀔 수 없다"는 이유로 왕안석(王安石)·여혜경(呂惠卿) 등과 여러 차례 논쟁을 벌이다가 추밀부사(樞密副使)를 사퇴하고 영흥지군(永興知軍)으로 나갔다. 신종(神宗) 희녕(熙寧) 4년(1071) 서경어사대(西京御史臺)에 있다가 물러나 15년 동안 낙양(洛陽)에 살면서 역사서를 편찬하는 데만 전념하고 시사(時事)는 입에 담지 않았다. 철종(哲宗)이 즉위하여 태황태후(太皇太后) 고씨(高氏)가 국정을 맡게 되자 문하시랑(門下侍郎)으로 기용되고, 좌복야(左僕射)에 오르면서 조정을 장악했다. 유지(劉摯)와 범순인(范純仁), 범조우(范祖禹), 여대방(呂大防) 등을 기용하면서 신법을 철폐하고 옛 제도를 회복시켰다. 재상으로 있은 지 8개월 만에 세상을 떠나 태사(太師)에 추증되었다. 처음에 전국 시대부터 진 2세(秦二世, 胡亥)까지의 역사를 엮어 『통지(通志)』 8권을 편찬했는데, 영종(英宗)의 명령으로 이를 속찬하게 되고, 신종이 이름을 『자치통감(資治通鑑)』이라 고쳐 불렀다. 그 밖의 저서에 『속수기문(涑水紀聞)』·『사마문정공집(司馬文正公集)』·『계고록(稽古錄)』 등이 있다.

상덕(尙德) 205

『삼국사기(三國史記)』권 제48·열전(列傳) 제8에는 향덕(向德)으로 되어 있다. 그 내용이 다음과 같이 나온다. "상덕은 웅천주(熊川州) 판적(板積) 고을 사람이다. 부친의 이름은 선, 자는 반길인데, 천품이 온순하고 선량하며 고을에서 그 품행을 높이 칭찬하였다. 어머니는 그 이름이 전해지지 않는다. 향덕 또한 효성과 공손으로 당시에 칭찬을 받았다. 천보(天寶) 14년 을미에 흉년이 들어서 백성들이 굶주리고 역병까지 덮치자, 향덕의 부모가 굶주리고 병이 들었는데, 어머니는 또 등창이 나서 모두 죽음에 임박하였다. 그래서 향덕은 낮이나 밤이나 옷을 벗지 않고 정성을 다하여 간호하였지만 봉양할 거리가 없는지라 자기의 넓적다리 살을 베어 부모님께 잡수시게 했다. 또 어머니의 등창을 입으로 빨아 모두 무사하게 되었다. 고을 관리가 주(州)에 보고하고 주에서는 왕에게 보고하였다. 왕이 지시를 내려벼 3백 휘(斛, 1휘는 10말), 집 한 채, 구분전(口分田) 약간을 주고 관리에게 명하여 비를 세우고 사적을 기록하여 그를 기념하게 하였는데, 지금에 이르러 사람들은 그 지역을 효자 마을이라 한다."

소강절선생(邵康節先生) 20, 38, 113, 129

소옹(邵雍)은 북송(北宋) 시기 사람. 성은 소(邵) 이름은 옹(雍)으로 소강절(邵康節) 또는 소요부(邵堯夫)라고도 한다. 성리학의 이상주의 학파 형성에 큰 영향을 주었다. 수(數)에 대한 학설은 18세기 유럽의 철학자 라이프니츠의 2진법에도 영향을 주었다. 본래 도가(道家)였던 그는 『주역(周易)』을 공부하다가 유교에 관심을 가지게 되었다. 『주역』을 연구하면서 수가 모든 존재의 기본이라는 상수학(象數學) 이론을 만들었다. 그에 따르면 여러 가지 다른 요소들을 숫자로 분류하는 법을 알면 모든 존재의 밑바탕에 깔려 있는 정신을 이해할 수 있다고 하였다. 그는 우주 만물은 '4'라는 숫자로 구성되었다고 믿었다. 따라서 우주는 4개 부분(해·달·별·황대),

몸은 4개의 감각기관(눈·코·귀·입), 지구는 4가지 물질(물·불·흙·돌)로 되어 있으며 같은 이치로 모든 생각을 표현하는 방법도 4가지, 행동의 선택 여지도 4가지라고 주장했다. 그의 기본 사상 체계는 유교 철학의 근본과는 거리가 있지만, 모든 존재하는 것의 본원(本源)에는 통일성이 존재하며 그것은 소수의 뛰어난 사람만이 파악할 수 있다고 하였다. 우주의 통일성 밑바닥에 깔려 있는 원리는 우주뿐만 아니라 인간의 마음에도 똑같이 적용된다는 그의 기본 사상 체계는 성리학파 이상론의 기본이 되었다. 그는 또 역사란 반복되는 주기의 순환으로 이루어진다는 불교 사상을 유교 철학에 도입했다. 불교에서 겁(劫)이라고 하는 주기를 그는 원(元)이라고 부르고 그 순환주기도 원래의 천문학적 기간을 줄여서 12만 9,600년이라고 했다. 이 사상은 나중에 모든 성리학파에 의해 받아들여졌으며 12세기 송(宋)나라에 들어서는 주희(朱熹)에 의해 관학(官學) 이론의 일부가 되었다.(참고: 한국 브리태니커, http://www.britannica.co.kr)

소광(疏廣, ?-BC.45) 102

소광은 자가 중옹(仲翁), 호는 황로(黃老). 산동성(山東省) 임기시(臨沂市) 난릉현(蘭陵縣) 사람이다. 서한(西漢)의 명신이다. 소광과 그의 형 소수(疏受)는 각기 한나라 선제(宣帝)의 태자태부(太子太傅)·태자소부(太子少傅)를 맡았다. 두 사람이 관직을 그만두고 고향으로 내려갈 때, 선제와 황태자가 많은 황금을 내렸다. 고향에 돌아가서 형제는 황금을 팔아 술과 음식을 마련하여 친지를 초청, 황제가 내린 은혜를 함께 즐겼다. 어떤 사람이 소광에게 이렇게 많은 황금으로 자손들을 위해 사업을 벌이면 좋겠다고 하였다. 소광은 "내가 설마 노망난 늙은이가 된다 해도 자손들을 돌보지 못하겠는가? 우리 집안에 땅과 집이 있으니, 자손들더러 우리 땅에서 일하며 농사지어 먹고 입도록 하고, 보통 사람과 함께 생활하게 할 생각이라네. 만약 내가 황금을 팔아 그 돈으로 재산을 불린다면, 자손들을 게으르게 할 뿐이네. 어진 사람이 재물이 많으면 그 뜻을 손상하고, 어리석은 사람이 재물이 많으면 허물을 더한다네. 저 부유한 사람들은 뭇사람들의 원망의 대상이니, 나는 자손을 교화시킬 방법은 없지만, 그 잘못을 더하여 원망을 사게 하고 싶지 않네. 이 황금은 황제께 은혜를 내려 노신(老臣)을 보살피고자 한 것이기 때문에 고향 친지들과 함께 그 은혜를 즐겁게 향유하면서 여생을 마치면 되지 않겠는가!"라고 하였다.

소동파(蘇東坡, 蘇軾, 1036-1101) 129, 167

소식(蘇軾)은 북송시대 시인이자 문장가이다. 시·사(詞)·산문·부(賦)·서예·그림 등 여러 장르에서 뛰어났다. 당송팔대가(唐宋八大家)의 한 사람으로 꼽힌다. 사천성(四川省)에서 태어났으며, 자는 자첨(子瞻), 호는 동파거사(東坡居士), 이름은 식(軾)이다. 그의 동생이 소철(蘇轍)인데, 동생과 비교하여 대소(大蘇)라고도 불리었다. 그의 부친 소순(蘇洵)은 구양수(歐陽脩)·왕안석(王安石) 등과 교우하며 송나라에서 문명을 떨쳤다. 부친 소순(蘇洵)·아우 소철(蘇轍)과 더불어 '삼소(三蘇)'라 불린다. 22세 때 송나라의 도읍인 변경(汴京: 지금의 開封)에서 열린 과거 시험에서 진사에 급제하고, 과거 시험의 주무관이었던 구양수(歐陽修)에게 인정을 받았다. 모친상으로 고향 미산(眉山)에서 3년 동안 시묘살이를 마친 후 변경으로 돌아와 제과(制科)에 응시하여 장원급제하고 동생 소철은 차석으로 급제했다. 봉상부(鳳翔府, 지금의 산시성) 참판으로 부임하여 첫 관직을 수행하였다. 봉상부에서 임기를 마치고 변경으로 돌아왔는데 당시 개혁파 왕안석(王安石)과 정치적 입장 차이로 갈등 관계가 되었다. 왕안석의 개혁 정책인 '신법(新法)'이 실시되자 '구법당(舊法黨)'에 속했던 소동파는 항주(杭州)의 지방관으로 전출되었다(1071). 항주에서 관직 생활을 하는 가운데 많은 시(詩)를 남겼다. 1074년에는 밀주(密州)의 태수, 1077년에는 서주(徐州)의 태수로 부임하였다. 그의 나이 44세에 "독서가 만 권에 달하여도 율(律)은 읽지 않는다"는 말이 빌미가 된 필화사건으로 감옥에 갇혔고, 호북성 황주(黃州)로 유배되었다가 50세 되던 해 구법당이 득세하자 그는 승진을 계속하여 57세에 병부상서(兵部尙書), 예부상서(禮部尙書) 등의 높은 관직을 역임하였다. 선인태황후(宣仁太皇后)의 죽음을 계기로 신법당이 다시 세력을 잡자 그는 중국 최남단의 해남도(海南島)로 유배되었다. 그곳에서 7년 동안 귀양살이를 하던 중, 휘종(徽宗)의 즉위와 함께 귀양살이가 풀렸으나 돌아오던 도중 강소성(江蘇省)의 상주(常州)에서 사망하였다(1101). 그의 자유와 광달(曠達)을 추구하는 기질, 유불도(儒佛道)가 어우러지는 정신 및 사상은 그의 시문서화(詩文書畵) 등에 반영되었다. 『적벽부(赤壁賦)』는 그의 불후의 명작이다.

손사막(孫思邈, 581-682) 63

손사막은 당(唐)나라 때의 경조화원(京兆華原, 지금의 陝西 銅川市 耀州區) 사람이다. 명의로 일컬어졌으며 『천금요방(千金要方)』·『천금익방(千金翼方)』 등의 저작을 남겼다.

손순(孫順) 204

손순에 관한 이야기가 『삼국유사(三國遺事)』 제5권 효선(孝善) 제9권 손순매아(孫順埋兒) 흥덕왕대(興德王代)에 다음과 같이 나온다.

"손순(孫順); 고본에는 손순(孫舜)이라고 했다)은 모량리(牟梁里) 사람으로, 아버지는 학산(鶴山)이다. 아버지가 죽자 아내와 함께 남의 집에 품을 팔아 양식을 얻어 늙은 어머니를 봉양했는데 어머니의 이름은 운오(運烏)였다. 왕으로부터 집과 전답을 하사받은 이후 손순은 예전에 살던 집을 희사하여 절로 삼아 홍효사(弘孝寺)라 하고 석종을 모셔 두었다. 진성왕(眞聖王) 때에 백제의 횡포한 도적이 그 마을에 들어와서는 종은 없어지고 절만 남아 있다. 그 종을 얻은 땅을 완호평(完乎坪)이라 했는데, 지금은 잘못 전하여 지량평(枝良坪)이라고 한다."

손진인(孫眞人) 42

도가(道家)에 속하는 인물이나 자세하지 않다.

순자(荀子, 荀況, BC.313-BC.238) 44, 112, 218

순자는 이름이 황(況), 자는 경(卿)으로 전국시대(戰國時代, BC.403-BC.221) 말기 조(趙)
나라 사람이다. 저명한 사상가(思想家) · 문학가(文學家) · 정치가(政治家)로 당시 사람
들은 '순경(荀卿)'으로 높여 불렀다. 서한(西漢) 때 선제(宣帝) 유순(劉詢)의 이름인 순
(詢)을 피휘하기 위하여 '荀'과 '孫' 두 글자가 옛날 음에는 서로 통하였기 때문에 손
경(孫卿)이라 부르기도 하였다. 『사기(史記) · 순경열전(荀卿列傳)』에 따르면, 순자는
제(齊) 나라에서 세 차례나 좨주(祭酒)를 지냈는데, 참소를 받아 제(齊)를 떠나서 초
(楚)나라로 가서 재상(宰相) 춘신군(春申君)의 천거로 난릉(蘭陵, 山東省)의 수령이 되었
다. 춘신군이 죽자 벼슬 자리에서 물러나게 되었다. 순자는 유가 사상을 발전시
켰는데, 인성(人性) 문제에서 '성악론(性惡論)'을 제창하여 인성(人性)에는 악(惡)이 있
음을 주장하면서 천부적인 도덕 관점을 부정하고 후천적 환경과 교육이 인간에
게 미치는 영향을 강조하였다. 순자의 이러한 인성론은 맹자(孟子)의 성선설(性善
說)과 대비된다. 순자는 인간의 본성은 악하기 때문에 '예(禮)'로써 이를 다스려야
한다고 하였다. 이로써 예를 강조하는 유학 사상을 발달시켰다. 순자는 또한 유
가 전적을 새롭게 정리한 것에도 공헌을 하였다. 순자는 한대(漢代)에서는 정통 유
가의 인물로 여겨졌지만, 송대(宋代)에서는 성리학의 학풍 속에서 이단으로 간주
되었다. 청대(淸代) 말기에 이르러서야 그에 대한 재평가가 이루어졌다. 현존하는
『순자』는 20권 32편이다. 이것은 원래 한대(漢代) 유향(劉向)이 당시에 있었던 322
편을 편집하여 『손경신서(孫卿新書)』 32편으로 편찬한 것을, 당대(唐代) 양량(楊倞)이
편(編)의 순서를 바꾸고 주(註)를 붙여 『손경자(孫卿子)』라 하였고, 이것을 후에 『순
자』라 하였다. 이 가운데는 순자의 문인(門人)의 설(說)이 포함된 것으로 추측한다.

『순자』에는 원래 부(賦) 10편 있는데 지금은 2편으로 줄여서 수록되어 있다.

신종황제(神宗皇帝, 1048-1085) 121

송(宋)의 신종황제는 이름이 조욱(趙頊, 원명은 趙仲針)으로 북송(北宋)의 6대 황제이다. 1064년(北宋 治平1年)에 광국공(光國公)으로 봉해지고 나중에 회양(淮陽) 군왕(郡王), 영왕(穎王)으로 봉해졌다. 1066년(북송 치평3년)에 황태자에 올랐고, 다음 제위에 올라 송(宋)의 신종이 되었는데 당시 20세였다. 1068년 그는 연호를 희녕(熙寧)원년으로 삼았다. 그는 당시 정치에 깊은 불만을 느꼈으며 평소 왕안석(王安石)의 재능을 높이 평가하였다. 그는 왕안석에게 변법(變法)을 추진하여 북송 왕조를 진흥시킬 수 있기를 기대하였다. 이를 '왕안석변법(王安石變法, 熙寧變法이라고도 함)'이라 한다. 1085년에 세상을 떠났는데 향년 37세로 묘호(廟號)가 신종(神宗)이고 시호(諡號)는 영문열무효황제(英文烈武聖孝皇帝)이다.

안평중(晏平仲; 晏嬰, BC.578-BC.500) 181

안영(晏嬰)의 자는 중(仲), 시호는 평(平), 평중(平仲)으로 불렀다. 또 안자(晏子)라고 하였다. 이유(夷維, 지금의 山東 高密) 사람이다. 춘추 시기 정치가·사상가·외교가이다. 안영은 제(齊)나라 상대부(上大夫)인 안약(晏弱)의 아들이다. 제(齊)영공(靈公) 26년(BC.556)에 안약이 병사하자, 안영이 상대부의 지위를 이어받았다. 제나라 영공(靈公)·장공(莊公)·경공(景公) 세 조대를 걸쳐 정치를 보좌하여 거의 40여 년에 이르렀다. 특히 정치·외교 방면에서 재능을 드러내며 두드러진 활약을 하였다. 국정을 보좌하면서도 제나라 왕들에게 여러 차례 간언하였다. 그는 유연한 사고를 가졌으면서도 또한 원칙성을 견지하여 사신으로 파견되어서도 모욕을 당하지 않고 제나라의 위엄을 지켜냈다. 사마천(司馬遷)은 그를 매우 숭상하여 관중(管仲)에 견주었다. 그가 병사하자 공자는 그를 칭찬하여 "백성들을 구원하였으면서도 자랑하지 않고, 세 명의 군주를 선후로 모시며 보좌하였음에도 과오가 있지 않았으니, 안자는 과연 군자답도다!(救民百姓而不夸, 行補三君而不有, 晏子果君子也!)" 라고 하였다.

여형공(呂榮公, 呂希哲, 1036-1114) 88

북송의 교육가, 관리로 자는 원명(原明) 호는 형양(榮陽)으로 여공저(呂公著)의 아들이며 수주(壽州, 지금의 안휘봉태(安徽鳳台)) 사람이다. 형양선생(榮陽先生)으로 일컬어졌다. 어려서부터 초천지(焦千之)·손복(孫複)·석개(石介)·호원(胡瑗)에게 배웠고, 다시 장재(張載)·정호(程顥)·정이(程頤)·왕안석(王安石)과 교유하여 견문을 넓혔다. 태학(太學) 출신으로 음직으로 벼슬길에 올랐다. 병부원외랑(兵部員外郞)·숭정전설서(崇政殿說書)·광록소경(光祿少卿)·직비각지조주(直秘閣知曹州) 등을 역임했다. 숭녕당화(崇寧黨禍)로 관직을 삭탈당하고 회(淮)·사(泗) 지방에서 거주하면서 날마다『주역(周易)』을 읽고 학생들을 가르쳤다. 학문을 함에 있어 한 가지 학문과 학설에 연연하지 않았다. 후인들이『여씨잡지(呂氏雜志)』·『형양공설(榮陽公說)』을 편찬했다.

열자(列子, 列御寇, BC.475-BC.221) 28

열자는 전국(戰國) 시대의 사상가 열어구(列御寇)를 말한다. 그는 정(鄭)나라 포전(圃田 지금의 河南省鄭州市) 사람이다. 도가 학파의 대표적 인물이며, 사상가(思想家)·우언가(寓言家)·문학가(文學家)이다. 열자와 제자들이 지은『열자(列子)』는 후대 철학·문학·과학기술·종교 등 여러 방면에 심대한 영향을 미쳤다.『열자』가운데 천체운동설(天體運動說)·지동설(地動說)·우주무한설(宇宙無限說) 등이 있는데 이러한 학설은 모두 서양의 유사 학설보다 매우 이르다. 당(唐)나라 현종(玄宗)은 천보(天寶) 연간에 열자를 충허진인(沖虛眞人)으로 봉하였다. 열자는 평생 안빈낙도하여 명리를 구하지도 않고 관직에 들어가지도 않았으며 정(鄭) 땅에서 40년 동안 은거하며 20편을 저술하였다.『열자』는 선진(先秦) 시기에는 그리 유행하지 못했지만 서한

(西漢) 시대에는 성행하다가 서진(西晉) 시기 '영가(永嘉)의 난(亂)'을 거치면서 잔결(殘缺)이 생겼다. 현재 8편이 전하는데,「천서(天瑞)」·「황제(黃帝)」·「주목왕(周穆王)」·「중니(仲尼)」·「탕문(湯問)」·「역명(力命)」·「양주(楊朱)」·「설부(說符)」이다. 『열자』가운데「우공이산(愚公移山)」·「기인우천(杞人憂天)」·「양소인변일(兩小兒辯日)」·「기창학사(紀昌學射)」등은 인구에 회자되는 우언고사이다.

염계선생(濂溪先生; 周敦頤, 1017-1073) 132

주돈이는 북송의 철학자로 자가 무숙(茂叔), 호가 염계(濂溪)이다. 본래 이름은 돈실(敦實)이었는데 송나라 영종(英宗, 재위 1063-1067)의 초명인 종실(宗實)과 같은 글자를 피하기 위해 돈이(敦頤)로 바꾸었다. 죽은 뒤에 신종(神宗, 1067-1085)에게 원(元)이라는 시호를 받아 원공(元公)으로 불리기도 한다. 염계(濂溪)라는 호는 1072년 강서성(江西省)의 여산(廬山) 개울가에 집을 짓고 살면서 그 개울을 염계라 하고 스스로를 염계선생이라 부른 데서 비롯되었다. 도주(道州) 영도현(營道縣, 지금의 湖南省 永州市 道縣) 출신으로 아버지는 현(縣)의 지사(知事)를 지낸 보성(輔成)이고 어머니는 정씨(鄭氏)이다. 어려서 아버지를 잃어 8살 때인 1025년 모친과 호남성 형양(衡陽)에 사는 외삼촌 정향(鄭向)에게 가서 살았다. 1031년에는 모친과 함께 수도인 개봉(開封)으로 거처를 옮겼는데, 1037년 외삼촌이 양절전운사(兩浙轉運使)로 임명되자 다시 모친과 함께 윤주(潤州)의 단도현(丹徒縣, 지금의 江蘇省 서남부)으로 옮겨 살았다. 그 뒤 용도각(龍圖閣) 학사(學士)로 있던 정향의 추천을 받아 분녕현(分寧縣)의 주부(主簿)를 거쳐 복건성(福建省) 남안(南安)의 사리참군(司理參軍)으로 임명되었다. 남안에 있을 때 정호(程顥)와 정이(程頤) 두 형제에게 학문을 가르쳤다. 그 뒤 합주판관(合州判官), 건주통판(虔州通判) 등을 거쳐 신종이 즉위한 뒤에는 광동전운판관(廣東轉運判官)으로 발탁되었다. 만년에는 지남강군(知南康軍)으로 임명되어 강서성의 성자현(星子縣)에 머무르다가 여산의 연화봉(蓮花峰) 아래에 집을 짓고 은거했다. 1073년 병으로 세상을 떠났다. 주돈이는 중국 성리학의 틀을 만들고 기초를 닦은 인물로 평가된다. 그는 도가(道家)와 불교의 주요 인식과 개념들을 받아들여 우주의 원리와 인성에 관한 형이상학적인 새로운 유학 이론을 개척했고, 그의 사상은 정호·정이 형제가 창시하고 주희가 집대성한 정주학파(程朱學派)의 바탕이 되었다. 이로써 그는 한(漢)나라 때의 훈고학(訓詁學)으로 단절되었던 성(性)과 도(道)에 관한 철학적 논의를 되살려 유학을 새롭게 부흥시킨 인물이라는 평가를 받는다. 그의 저술은 7권의 『주자전서(周子全書)』로 전하는데 그 가운데 『태극도설(太極圖說)』과 『통서(通書)』가 가장 대표적인 저작이다. 그의 「애련설(愛蓮說)」은 연꽃에 빗대어 군자의 덕을 이야기한 것인데 고금으로 널리 애송된다.

왕참정(王參政, 王伯大, ?-1253) 106

왕참정은 왕백대를 말한다. 참정(參政)은 관직 이름이다. 왕백대는 자가 유학(幼學) 호가 유경(留耕), 남송(南宋) 때 복건(福建) 장계현(長溪縣, 지금의 霞浦縣, 赤岸村) 사람이다. 생년은 자세하지 않다. 명나라 가정(嘉定, 1208-1224) 시기의 진사(進士)이다. 청전현령(青田縣令), 추밀부도승지(樞密副都丞旨), 좌사낭중(左司郎中), 첨서추밀원(簽書樞密院) 등을 거쳐 참지정사(參知政事)의 관직을 맡았다. 만년에 귀향하여 '유경도인(留耕道人)'이라 부르고 '유경당(留耕堂)'을 지어 「사류명(四留銘, 네 가지 남겨야 하는 글)」을 썼다. 왕백대는 한유(韓愈)의 산문은 "말에 따라 장단을 조절할 수 있고", "민중에 교화를 내릴 수 있다"는 주장을 따랐다. 저작으로 『한창려집음주(韓昌黎集音注)』를 남겼다. 보우(寶祐) 원년(1253) 7월에 세상을 떠났는데, 시호가 충문(忠文)이다.

왕촉(王蠋) 143

왕촉은 전국시대 제(齊)나라 화읍(畵邑, 지금의 臨淄區高陽鄉) 사람이다. 제나라에서 대부(大夫)로 물러나 은거하였다. BC.284년에 연(燕)나라 장수 악의(樂毅)가 임치(臨淄)

를 함락시키자, 제나라 민왕(愍王)이 거주(莒州)로 도망하였다. 악의가 왕촉을 경모하여 사람을 시켜 예를 갖추어 그를 청하고 또한 그를 만호(萬戶)가 되는 지역에 봉하고자 하였다. 이에 왕촉이 "적에게 굴종하느니 차라리 죽음으로써 백성들을 독려하겠다" 라고 하고 결국은 목메어 죽었다. 백성 및 관리들이 감동하고 분기하여 거주(莒州)로 달려가서 민왕과 더불어 나라의 회복을 도모하였다. 이로써 왕촉은 두 임금을 섬기지 않은 충신(忠臣)으로 칭해졌다.

이천선생(伊川先生; 程頤, 1033-1107) 156
정이(程頤)는 송나라 도학(道學)의 대표적인 학자의 한 사람이다. 그의 형 명도(明道) 정호(程顥)와 더불어 성리학과 양명학 원류의 한 사람이다. 자는 정숙(正叔)으로 형인 명도보다 1년 늦게 하남(河南)에서 출생하였다. 이천선생(伊川先生)으로 불려졌다. 저서에 『역전(易傳)』 · 『어록(語錄)』 등이 있다.

인관(印觀) · **서조**(署調) 210
두 사람은 신라 때 사람으로 그 일화가 다음과 같은 곳에 보인다.
○허목(許穆)의 『기언(記言)』 제33권 외편 『동사(東事)』 2 『신라세가(新羅世家)』 상
"인관(印觀), 서조(署調) 두 사람에게 벼슬을 내렸다. 두 사람이 솜을 사고 팔면서 서로 양보하여 서로 취하지 않았는데, 유례(儒禮)가 이 이야기를 듣고 어질게 여겨 벼슬을 내린 것이다."(한국고전번역원, 선종순 (역), 2008)
○안정복(安鼎福)의 『동사강목(東史綱目)』 제2상 〈무오년 신라 유례왕 15년 · 기림왕(基臨王) 원년, 고구려 봉상왕 7년, 백제 책계왕 13년 · 분서왕(汾西王) 원년(진 혜제 원강 8, 298)〉
"동 10월. 계림에서는 인관(印觀) · 서조(署調) 2인에게 작위를 내렸다. 두 사람은 모두 신라인이다. 인관은 일찍이 저자에서 솜을 팔았는데, 서조가 곡식으로 이를 사

서 돌아오는데, 홀연히 소리개가 니티니 솜을 낚아채서 인관의 집에다 떨어뜨렸
으므로, 인관이 이를 거두어 저자로 돌아와서 서조에게 말하기를, "소리개가 너의
솜을 내 집에 떨어뜨렸기에, 이제 그대에게 돌려 준다." 하니, 서조가 "소리개가 솜
을 빼앗아 너에게 준 것은 하늘이 그런 것인데, 내가 어찌 받겠느냐!" 하였다. 인관
이, "그러면 너의 곡식을 되돌려 주겠다." 하니, 서조가 "내가 너와 사고 판 지가 이
틀이나 되었으니, 곡식은 이미 너의 것이다." 하며 굳이 사양하고 받지 않았다. 두
사람이 서로 양보하다가 결국 저자에 버리고 돌아갔다. 장시관(掌市官)이 이를 아
뢰니, 왕이 두 사람에게 모두 작위를 내렸다." (한국고전번역원, 유승주(역), 1977)

자하 (子夏, BC.507-?) 80

자하는 성이 복(葡), 이름이 상(商), 자는 자하(子夏)로 복자하(葡子夏)·복선생(葡先生)
등으로 부르기도 하였다. 춘추(春秋) 말기 진(晉)나라 온(溫, 지금의 河南溫縣) 사람이다.
일설에는 위(魏)나라 사람, 일설에는 위(衛)나라 사람이라고 하였다. 공자의 저명
한 제자로 '공문십철(孔門十哲)'의 한 사람이다. 공자 문하에서 문학(文學)으로 이름
을 드러내었다. 『논어(論語)』에는 공자와 자하와의 문답이 여러 차례 실려 있는데,
공자와 『시경(詩經)』의 시구를 논하면서, 공자로부터 "나의 뜻을 일으켜 주는 사람
은 상(商)이로구나. 비로소 시를 말할 수 있겠구나.(起予者, 商也! 始可以言『詩』已矣.)"(『논
어(論語)·팔일(八佾)』)라는 칭찬을 받기도 하였다. 공자가 세상을 떠나자 위(魏)나라
서하(西河, 濟水 黃河사이)에 가서 학문을 가르쳤다. 만년에 아들을 잃고서 울다가 실
명하여 뭇사람들을 떠나 홀로 쓸쓸히 지냈다. 당(唐) 현종(玄宗) 때 위후(魏侯)로 봉
해졌고, 송대(宋代)에는 또 하동공(河東公)으로 봉해졌다.

자허원군 (紫虛元君) 50

도가(道家)의 여자 신선. 남악부인(南岳夫人)·위부인(魏夫人)·남진(南眞)이라고 부른

다. 민간에서 신봉하는 신선 가운데 한명이다. 성은 위(魏), 이름은 화존(華存), 자는 현안(賢安)이다. 진(晋)나라, 임성(任城, 지금의 山東濟寧) 사람이다. 어려서부터 도를 좋아하고 침묵하고 근신하며 지냈으며 신선에 뜻을 두고 도가(道家) 계열의 저작들을 섭렵하였다. 전심으로 재계하며 수도하여 높은 경지에 이르렀다. 도교(道教)에서는 상청파(上清派) 제일대 종사로 추존하였다. 저작에『원시대동옥경(元始大洞玉經)』3권 ·『원시대동옥경소요십이의(元始大洞玉經疏要十二義)』1권 ·『대동옥경단의(大洞玉經壇儀)』1권 ·『총론(總論)』1권이 세상에 전한다.

장사숙(張思叔; 張繹, 1071-1108) 144

장역(張繹)은 자가 사숙(思叔)이고 수안동칠리점(壽安東七里店, 지금의 宜陽城 關東店) 사람이다. 북송 시대 저명한 향리 선비로서 정이천(程伊川) 문하의 제자이다. 그의 문장으로「장사숙좌우명(張思叔座右銘)」·「사설(師說)」·「제정이천문(祭程伊川文)」등과「명덕록(明德錄)」이 세상에 전해진다. 세상을 떠나자 한림학사(翰林學士)가 주어졌다.

장자(莊子, BC.365-BC.290) 13, 16, 22, 80, 86, 166

장자(莊周)는 성이 장(莊), 이름이 주(周), 자는 자휴(子休, 子沐라고도 함)이며, 송(宋)나라 몽(蒙, 지금의 河南商丘) 사람이다. 전국(戰國) 시대의 사상가·철학가·문학가이다. 노자(老子)의 사상을 계승하였으며, 전국시대 도가(道家)의 대표 인물이다. 장자는 절대 자유와 소요(逍遙)를 숭상하였기 때문에 초(楚) 위왕(威王)의 초빙에도 응하지 않았으며, 평생 오직 송나라 칠원리(漆園吏)로만 지냈다. 그의 저작『장자』가운데「소요유(逍遙遊)」·「제물론(齊物論)」등은 명편이다. 여기에는 절대자유·만물제동(萬物齊同)의 사상이 보인다. 그 상상력은 매우 풍부하고, 언어 운용은 자유자재로 변화를 추구하고 각종 우언고사를 써서 철리를 비유적·생동적으로 표현함으로써 독자를 오묘한 경지로 이끌어 들인다. 이로써『장자』는 '문학의 철학', '철학의 문학'이라 불리게 되었다. 일찍이 남화산(南華山)에 은거하였기 때문에 당(唐) 현종(玄宗) 때 장주(莊周)를 남화진인(南華眞人)으로 봉하였고, 그 저서 『장자』를 『남화진경(南華眞經)』이라 하였다.

재동제군(梓童帝君) 114

도교의 신 이름. 이름이 장아자(張亞子)로 전해지며 촉(蜀)나라 칠곡산(七曲山)에 살았다. 진(晉)에 벼슬하다가 전사(戰死)하였다. 후인이 묘당을 세워 그를 제사하였다. 당(唐)·송(宋)시대에는 왕(王)으로 봉해지고 원(元)시대에는 제군(帝君)으로 봉해졌다. 인간의 공명과 녹위(祿位)를 관장하였다고 한다.

재여(宰予) 49

춘추(春秋)시대 노(魯)나라 사람으로 자(字)는 자아(子我)로 재아(宰我)라고 많이 쓰며, 공자의 제자로 언변이 뛰어났다. 『논어』에 공자가 재여의 언행이 일치하지 않은 점을 꾸짖고, 재여가 부모의 삼년상이 길다고 하자 이를 논박하는 내용 등이 나온다.

주문공(朱文公; 朱熹, 1130-1200) 64, 82

주희(朱熹)는 남송(南宋) 때의 유학자로 자가 원회(元晦, 다른 자는 중회(仲晦), 호는 회암(晦庵))이고 만년에는 회옹(晦翁)이라 하였다. 시호가 문(文)이어서 주문공(朱文公)이라 불렀다. 조적(祖籍)은 강남(江南) 동로(東路) 휘주부(徽州府) 무원현(婺源縣, 지금의 江西省 婺源)이고, 남검주(南劍州) 우계(尤溪, 지금의 福建省 尤溪縣에 속함)에서 태어났다. 송대 저명한 이학가(理學家)·사상가·철학가·교육가·문학가이며 민학파(閩學派)의 대표적 인물로서 유학의 집대성자이다. 세상에서 주자(朱子)라고 부른다. 주희는 공자의 가르침을 직접 받은 제자는 아니지만, 공묘(孔廟)에서 그를 제사지내며 곡부

(曲阜) 공묘(孔廟) 대성전(大成殿)에는 그를 '十二哲'의 한 사람으로 모시고 있다. 주희는 가정환경은 곤궁했지만 어려서부터 총명하였으며 정호(程顥)·정이(程頤)의 3대 제자 이동(李侗)의 학생이 되어 학문을 닦았다. 약관에 급제하고 소흥(紹興) 18년(1148)에 진사가 되었다. 나중에는 강서남강(江西南康)·복건장주지부(福建漳州知府)·절동순무(浙東巡撫)가 되었는데 관리가 되어 청렴하고 공정하였다. 그는 서원의 중건에 힘을 기울였는데, 백록동서원(白鹿洞書院)을 중수하여 명망 있는 스승들을 초빙하여 학문과 교육을 진흥시키는 데 큰 공헌을 하였다. 환장각(煥章閣) 시제(侍制) 및 시강(侍講)에 제수되어 영종황제(寧宗皇帝)의 강학을 맡았다. 주희의 저술이 매우 많은데, 그 가운데『사서장구집주(四書章句集注)』·『태극도설해(太極圖說解)』·『통서해설(通書解說)』·『주역독본(周易讀本)』·『초사집주(楚辭集注)』등이 대표적이다. 후인이『주자대전(朱子大全)』·『주자집어상(朱子集語象)』등을 편집하였다.『대학(大學)』·『중용(中庸)』·『논어(論語)』·『맹자(孟子)』의 각 장(章)과 구(句)를 풀이하고 해설한『사서장구집주』는 사서(四書) 해석의 교과서적 역할을 하며 과거 시험의 표준이 되었고, 주희의 철학적 사상이 담겨 있다. 그는 북송(北宋) 주돈이와 정호·정이의 학설을 계승하여 송대 이학(理學)의 학풍을 세웠다. 그의 학문을 주자학(朱子學)이라 하며 중국뿐만 아니라 우리나라와 일본에까지 큰 영향을 미쳤다.

증자(曾子, 曾參, BC.505-BC.436경) 171
증자는 이름은 삼(參), 자는 자여(子輿)로 공자의 제자이다.『대학』의 저자로 알려져 있다.『대학』은 원래『예기』의 한 편인데, 이것이 독립되어 '사서(四書, 논어, 맹자, 대학, 중용)' 가운데 하나가 되었다. 여기에서는 충(忠), 서(恕), 효(孝) 등의 덕목을 강조하고 있다.

진종황제(眞宗皇帝, 968-1022) 120

송(宋)의 진종(眞宗) 황제는 이름이 조항(趙恒, 원명은 趙德昌)으로 북송(北宋)의 3대 황제이다. 등극하기 전에 한왕(韓王)·양왕(襄王)과 수왕(壽王)으로 봉해지고 997년에 태자 지위를 이었다. 진종의 정치로 북송은 국가 경영이 완비되어 비교적 강성하였다.

채백개(蔡伯喈, 蔡邕) 49

채옹(蔡邕)은 자(字)가 백개(伯喈)로 진류군어(陳留郡圉, 現 河南省開封市圉鎭) 사람이다. 동한(東漢) 시기 저명한 문학가·서법가이다. 유명한 재녀 채문희(蔡文姬, 177년?-239년?)의 아버지이다. 관직이 좌중랑장(左中郎將)에 이르렀기 때문에 채중랑(蔡中郎)이라고도 불렀다.

태공(太公, 呂尙, BC.1122-?) 13, 32, 37, 40, 46, 47, 81, 88, 100, 136, 147, 148, 149, 150, 151, 162, 188

태공은 주(周)나라 초기 사람으로 성(姓)은 강(姜)이고 씨(氏)는 여(呂)이며 이름은 상(尙)이다. 지금의 산동성(山東省)에서 태어나 위수(渭水) 가에서 낚시질 하다가 문왕(文王)에게 기용되었다. 문왕이 죽은 뒤에 무왕(武王)을 도와서 은(殷)나라의 주(紂)왕을 멸망시키고 주(周)나라를 세웠다.

평원왕(平原王, 陽城, 559-590) 213

고구려 25대 왕으로 일명 평강상호왕(平崗上好王). 이름은 양성(陽城)인데, 『수당서(隋唐書)』에는 탕(湯)으로 되어 있다. 양원왕(陽原王)의 맏아들이다. 담력이 크고 말타기와 활쏘기를 잘하였다. 양원왕이 죽자 왕위에 올라 진(陳)·수(隋)·북제(北齊)·후주(後周) 등에 사신을 보내고 조공(朝貢)하며 교류하였다. 재위에 있은 지 32년 겨울 10월에 죽자 호를 평원왕(平原王)이라 하였다.

한문공(韓文公; 韓愈, 768-824) 82

한유(韓愈)는 당나라 문장가이다. 자(字)는 퇴지(退之). 한문공(韓文公)이라고도 한다. 어려서 부모를 잃고 자랐으며, 처음 과거에 응시했을 때는 인습에 얽매이지 않은 문체 때문에 좋은 평가를 받지 못해서 낙방하였다. 그 후 25세에 진사에 급제, 여러 관직을 거쳐 이부시랑(吏部侍郞)까지 지냈다. 죽은 뒤에 예부상서(禮部尙書)로 추증되었고 문(文)이라는 시호를 받았다. 유학을 옹호했던 그는 헌종(憲宗)이 불사리(佛舍利)에 참배한 데 대해서 끝까지 간하여 1년 동안 조주(潮州) 자사(刺史)로 좌천되었고 평생을 불우하게 지냈다. 그는 유학을 옹호하는 많은 글을 지었는데, 그의 문장에는『맹자』·『대학』·『중용』·『주역』등을 광범위하게 인용하였다. 한유는 또한 고문운동(古文運動)을 주창하여 당시에 유행하던 규칙적인 운율과 전고(典故)로 가득 찬 변려문(騈儷文) 및 화려하고 공소(空疎)한 문풍을 배격하고 자유롭고 간결한 문체를 사용하여 시나 문장에는 유가의 도(道)가 실려야 함을 주장했다. 그가 쓴「원도(原道)」·「원성(原性)」등은 중국 문장의 백미이며 그가 주장한 고문체 문장의 대표작이다.

한소열(漢昭烈, 劉備, 160-223) 12

촉한(蜀漢)의 소열황제(昭烈皇帝) 즉 유비를 말함. 한(漢)은 원래는 진(秦)에 이어지는 중국의 통일왕조(BC. 202~AD.220)를 말한다. 한나라 말기에 혼란을 가져와 전한(前漢: 西漢, 長安을 수도로 함), 후한(後漢:東漢, 洛陽을 수도로 함)으로 분열되었다. 후한 말에는 다시 위·촉·오(魏·蜀·吳) 삼국으로 갈라졌다. 삼국의 촉은 유비가 세운 나라를 말한다. 유비는 삼국의 정립에서 한 황실의 후예라는 정통성을 내세워 221년에 황제임을 선언하고 사천성(四川省) 성도(成都)에 나라를 세우고 국호를 한(漢)이라 하고 연호를 장무(章武)라 하였다. 유비가 세운 한을 역사적으로 촉한(蜀漢), 서촉, 촉, 파촉 등으로도 불렀으며 또한 황실의 후예가 세운 나라라는 의미에서 계한(季漢)

이리고도 하였다. 소열(昭烈)은 유비의 시호이다.

허경종(許敬宗, 592-672) 124

허종경은 자가 연족(延族), 항주(杭州) 신성(新城) 사람이다. 수나라 예부시랑(禮部侍郎) 허선심(許善心)의 아들이다. 허종경은 어려서 문장을 잘 지어서 수재(秀才)가 되었고, 회양군사법서좌(淮陽郡司法書佐) 등의 관직에 올랐다. '강도(江都)의 난'에 그 부친 허선심이 우문화(宇文化)에게 해를 입게 된 이후 허종경은 이러저리 떠돌다가 이밀(李密)에 의탁하였다. 이밀은 그를 원수부기실(元帥府記室)로 삼고, 위징(魏徵)과 함께 관기(管記)로 삼았다. 당조(唐朝)에 들어 저작랑(著作郎)이 되고 겸하여 국사(國史)를 편찬하였다. 얼마 지나지 않아, 홍주사마(洪州司馬)로 폄적되었다가 나중에 급사중(給事中)이 되었다. 다시 국사를 편수하였으며 태자우서자(太子右庶子)가 되었다. 고종(高宗)이 즉위하자 예부상서(禮部尙書)에 발탁되었다. 시중(侍中)・중서령(中書令)・우상(右相)을 역임하였다. 세상을 떠나자 무(繆)라는 시호를 받았다. 그의 문집은 80권인데, 27수의 시가 편찬되었다. 당나라 이름난 재상 가운데 하나로 손꼽힌다.

현제(玄帝) 21

도가에 속하는 인물, 도가에서는 진무대제(眞武大帝)를 현천상제(玄天上帝)라고 하고 줄여서 현제(玄帝)라고 한다.

홍기섭(洪耆燮, 1781-1866) 211

홍기섭은 조선 후기의 문신, 학자이다. 헌종비 효정왕후의 할아버지이며 익풍부원군 홍재룡의 아버지이다. 본관은 남양. 집이 매우 가난하여 그의 집 가마솥을 훔치러 왔던 도둑 유씨가 도리어 엽전 꾸러미를 놓고 가자, 홍기섭은 돈을 찾아가라고 방을 붙여 되돌려 보냈다. 홍기섭의 행적이 다음과 같은 곳에 보이다.

이유원(李裕元)의 『임하필기(林下筆記)』 제29권 「춘명일사(春明逸史)」 〈별방(別房)의 회혼(回婚)〉; "홍공기섭(洪公耆燮)은 익풍 국구(益豐國舅)의 아버지이다. 나이 팔순이 되어 사람들이 다복(多福)하다고 일컬었고, 일찍이 소실과의 회혼일을 만나 집안사람들이 잔을 들어 축하하였으니, 참으로 인가(人家)의 희귀한 일이다. 정실(正室)과의 회혼도 사람마다 기약할 수 있는 것이 아닌데, 더욱이 소실에 있어서이겠는가. 한때에 일컬어지는 것이 마땅하다 하겠다."(한국고전번역원, 안정(역), 2000)

이유원(李裕元)의 『임하필기』 제31권 「순일편(旬一編)」 〈홍상서(洪尙書)의 벼슬살이〉; "홍공기섭(洪公耆燮)은 여러 차례 고을을 맡아 벼슬살이를 잘하였는데, 평생 상관(上官)과 겨루려 하지 않았다. 또 사장(辭狀)을 올리지 않았는데, 그에 대하여 말하기를, '내가 진심으로 거취(去就)하고자 하면 그렇게 하면 될 뿐이다. 어찌 꼭 구차하게 외면을 보면서 필요없는 일을 할 필요가 있겠는가.' 하였다. 공의 이런 행실에 대하여 사람들은 평범하게 보지만 사실은 내면이 강한 사람이다. 벼슬살이를 하는 사람들은 꼭 알아야 할 일이다."(위와 같음)

후주(後主) 12
유비의 아들 유선(劉禪)을 말한다.

휘종황제(徽宗皇帝, 趙佶, 1082-1135) 83
북송(北宋)의 제8대 황제 조길(趙佶, 1082-1135)을 말한다. 재위 26년(1100-1126)에 금(金)나라에 나라가 망하자 포로로 잡혀가 죽었다. 그는 서화에 능하여 '수금체(瘦金體)'라는 서법을 창안하였다.

서작 색인

『격양시(擊壤詩)』 60, 104

중국 송나라 때 소옹(邵雍)이 지은 『이천격양시집(伊川擊壤詩集)』을 말하는데, 20권이다.

『경행록(景行錄)』 15, 26, 36, 40, 43, 47, 56, 60, 67, 72, 76, 86, 92, 96, 97, 101, 125, 140

사필(史弼, 1233-1318, 일명 塔刺渾)이 지은 책. 사필은 원(元)나라 대신으로 여주박야(蠡州博野, 지금의 河北博野에 속함) 사람이다. 자는 군좌(君佐, 혹 若佐)이다. 원(元)15년(1278)에 강회행중서성참정(江淮行中書省參政)에 오르고 회동(淮東)·절동선위사(浙東宣慰使)를 지냈다. 29년(1292)에 복건행성평장(福建行省平章)으로 조왜(爪哇)를 공략하였지만 성공하지 못하고 면직되어 집에 머물렀다. 이에 스스로 자미노인(紫微老人)이라 하였다. 나중에 평장정사(平章政事)에 오르고 은청영록대부(銀青榮祿大夫)가 더해졌으며 악국공(鄂國公)으로 봉해졌다. 『경행록』을 지었는데, '경행(景行)'이란 말은 '고상한 덕행'이란 말로, 『시경(詩經)·소아(小雅)·거할(車舝)』("저 높은 산봉우리 우러러보며, 큰길을 향해 나아가노라(高山仰止 景行行止)")에 나오는 말이다. 이 책은 고상한 덕행을 가진 사람이 되기 위해 어떻게 생각하고 어떻게 행동해야 하는지를 권면하는 내용이다.

『공자가어(孔子家語)』 124

『논어』에 빠진 공자의 언행과 일화를 기록한 책으로 총 10권이다.

『**근사록**(近思錄)』 44

송(宋)나라 주회(朱熹)와 그의 제자 여조겸(呂祖謙)이 함께 엮은 책이다. 주무숙(周茂叔)·정명도(程明道)·정이천(程二川)·장재(張載) 등의 저서나 어록(語錄) 중에서 일상 수양(修養)에 긴요(緊要)한 장구(章句) 622조목(條目)을 추려 내어 14부문(部門)으로 나누어 편집하였다.

『**논어**(論語)』 84, 222

공자의 언행이나 공자와 그 제자들의 대화를 기록한 책으로 총 20편으로 구성되어 있다. 공자의 제자들과 그 문인들이 공동 편찬한 것으로 추정한다. 각 편의 이름은 각 편 첫 문장의 첫 두 글자를 딴 것이다. 그 내용은 학문, 수신, 정치 등에 관한 것이다.

『**동몽훈**(童蒙訓)』 155

『여씨동몽훈(呂氏童蒙訓)』이라고도 하며 모두 3권으로 되어 있다. 송나라 여본중(呂本中, 1084-1145)이 지은 책이다. 그의 본래 이름은 대중(大中), 자는 거인(居仁), 동래선생(東萊先生)이라 하였다. 『동몽훈(童蒙訓)』은 대체로 효·예·성실·인자(仁慈)·근신(勤愼)·근면 등을 강조한 책이다. 또 관리가 지켜야 할 도리가 많이 포함되어 있다.

『**사기**(史記)』 111

한대(漢代)의 사마천(司馬遷)이 지은 역사서(歷史書). 그 서술 범위는 황제(黃帝) 때부터 전한의 무제(武帝) 천한연간(天漢年間 : BC.100-97)에 이르기까지 3,000여 년의 역사를 서술했다. 12본기(本紀)·10표(表)·8서(書)·30세가(世家)·70열전(列傳)으로 구성되었다. 서술방식은 시대순으로 역사를 서술하는 편년체가 아니라, 인물 전기(傳記)

중심의 기전체(紀傳體)이다. 이로써『사기』는 기전체(紀傳體)의 효시가 된다. 역사서로서의 가치 외에도 문학서로서도 큰 가치가 있다.

『서경(書經)』 57

『서경』은 유가(儒家)의 오경(五經) 가운데 하나. 요(堯) 임금(BC.2356년?-BC.2255년?)부터 주(周) 나라(BC.1046년?-BC.256년) 시대까지 요(堯)·순(舜)·우왕(禹王)·탕왕(湯王)·문왕(文王)·무왕(武王) 등이 신하에게 당부하는 훈계와 군왕이 백성에게 내린 포고와 명령, 군왕에게 올린 신하의 진언, 전쟁을 앞두고 백성과 장병들에게 한 훈시, 대신 사이의 대화 등을 담고 있다. 전국시대에는『서(書)』라 하다가 한대(漢代)에 존중하고 숭상해야 할 고대의 기록이라는 뜻에서『상서(尙書)』라고 하였다. 송대(宋代) 이후로는『서경』이라 하였다.『서경』은 원래 3,000편이 있었다고 하지만, 전해지는 것은 모두 58편으로『고문상서(古文尙書)』25편,『금문상서(今文尙書)』33편이다.『고문상서(古文尙書)』는 한(漢)나라 경제(景帝) 때 노나라의 공왕(恭王)이 공자의 옛 집을 허물다 벽에서 발견한 춘추시대의 문자체(晉나라의 문자)로 씌어진 고본이고,『금문상서(今文尙書)』는 분서갱유를 거치며 실전되다가 구전된 것을 한나라 문제 때 복생(伏生)이 당시 통용되던 예서체(隸書體)로 정리한 것이다.『고문상서』는 동한(東漢) 광무제(光武帝) 때 무성편이, 서진(西晉) 말기에 나머지 15편이 전부 없어졌고, 현재는 동진(東晉)의 매색(梅賾)이 원제(元帝)에게 바친『위고문상서(僞古文尙書)』가『금문상서(今文尙書)』와 함께 보급되었다.『서경』은 중국 역사서의 효시로, 기록 대부분이 모두 사관의 사실적 기록으로 역사자료로서 가치가 매우 높다.

『설원(說苑)』 133

한(漢) 나라 때 유향(劉向, BC.77-BC.6)이 홍태(鴻泰) 4년(BC.17)에 편찬하였으며 춘추전국(春秋戰國)에서 한대(漢代)까지의 일화들을 기술한 것이다. 제후 및 선현들의 언행이 위주가 되고 치국안민 · 국가흥망에 관한 철리 · 격언들이 많다. 유가의 철학사상 · 정치이상 및 윤리관념을 담고 있다. 군도(君道) · 신술(臣術) · 건본(建本) 등 20편으로 구성되었다.

『성리서(性理書)』 36, 137, 142
인간의 심성론에 관한 글들을 모은 책이다.

『소서(素書)』 62
한(漢)나라 황석공(黃石公)이 지은 책으로 총 6장으로 구성되었다. 도가사상을 종지로 하여 도(道)의 작용 및 효과를 발휘시키고, 동시에 도(道) · 덕(德) · 인(仁) · 의(義) · 예(禮)로써 입신과 치국의 근본을 삼아야 하며, 우주 만물 운행의 이치를 헤아려서 이로써 사물을 인식하고 사물을 응대해야 한다는 취지이다. 전하는 바에 따르면, 황석공이 이 책을 장량(張良)에게 주었고, 장량은 이 책으로 유방을 도왔다고 한다.

『시경(詩經)』 30
『시경』은 주(周)나라 초기부터 춘추(春秋) 초기까지의 시 305편을 수록하고 있다. 본래 3,000여 편이었던 것을 공자(孔子)가 311편으로 간추려 정리했다고 알려져 있다. 오늘날 전하는 것은 305편이다. 시경은 풍(風) · 아(雅) · 송(頌) 셋으로 크게 분류되고 다시 아(雅)가 대아(大雅) · 소아(小雅)로 나뉘어 전해진다. 풍(風)은 여러 나라의 노래, 아(雅)는 연회에서 쓰는 의식가, 송(頌)은 종묘의 제사에서 사용하는 악시(樂詩)이다. 원래는 '시삼백(詩三百)'으로 불렀으며 송대를 거치면서 『시경』이라 하였다.

『안분음(安分吟)』 57

송(宋)나라 때의 안분시(安分詩)를 말함. 저자는 미상. 어떤 판본에는 격양시(擊壤詩)로 되어 있다. '음(吟)'은 고대 시가 체제의 일종이다.

『안씨가훈(顏氏家訓)』 166

중국 육조 말기의 안지추(顏之推)가 지은 것으로 2권 20편이다. 안지추는 양(梁)·제(齊)·주(周)·수(隋) 등의 나라를 떠돌며 살았다. 『안씨가훈』은 그의 이러한 구체적 체험과 풍부한 내용을 바탕으로 저술된 것이다. 이 책을 통해 당시 사회의 경제생활·풍속·정치·학문·종교뿐만 아니라 문자·음운(音韻) 등에 대하여 깊은 이해를 할 수 있다. 안지추는 이 책을 통하여 부패한 사회, 귀족의 무능, 본분을 잃은 생활 등을 비판하였다. 또한 당시 혼란한 시대를 살아가기 위해서는 무엇보다 가정 도덕의 확립이 우선되어야 함을 강조하고 자손들의 처세 태도 및 대인관계를 기술하였다. 이로써 이 책은 자녀의 훈육서로서뿐만 아니라 육조(六朝)의 연구에도 귀중한 자료로 활용된다.

『예기(禮記)』 81

『예기』는 중국 고대의 중요한 전장제도(典章制度)에 관한 책이다. 서한(西漢)의 예학가(禮學家) 대덕(戴德)과 그의 조카 대성(戴聖)이 편찬하였다. 대덕이 편찬한 85편을 『대대예기(大戴禮記)』라고 하는데, 전해지는 과정에서 온전하지 못하였고, 당대(唐代)에 이르러서는 단지 39편만 남게 되었다. 대성이 편찬한 49편을 『소대예기(小戴禮記)』라고 하는데, 오늘날의 『예기』가 이것이다. 『예기』는 선진(先秦)의 각종 예악 및 제도를 기재하여 논술하고, 『의례(儀禮)』를 해석하고, 공자와 제자 등의 문답을 기록하고, 수신(修身)과 사람의 도리를 밝혔다. 그 내용과 부류는 광범위하고 다양하여, 정치·법률·도덕·철학·역사·제사·문예·일상생활·역법·

지리 등 여러 방면을 언급하였다. 특히 선진(先秦) 유가의 정치·철학과 윤리사상을 집중적으로 드러내어 선진사회를 연구하는 중요 자료가 되는데, 모두 20권 49편이다. 『예기』에 대하여 서한(西漢) 정현(鄭玄)이 주석(注)하고, 당나라의 공영달(孔穎達)이 이를 해석하여 소(疏)를 달았는데, 이것이 『예기』의 주석서로 통용된다. 당에 이르러서는 『예기』가 경(經)의 지위에 이르고, 송(宋) 이후로는 삼례(三禮)의 처음에 놓이게 되었다. 이로써 『예기』는 삼례(三禮; 『예기』·『주례』·『의례』)의 하나, 오경(五經; 『시경』·『서경』·『주역』·『예기』·『춘추』)의 하나, 십삼경(十三經; 『역경』·『서경』·『시경』·『주례』·『예기』·『의례』·『춘추좌씨전(春秋左氏傳)』·『춘추공양전(春秋公羊傳)』·『춘추곡량전(春秋穀梁傳)』·『논어』·『효경』·『이아(爾雅)』·『맹자』)의 하나가 되었다. 『예기』 가운데 특히 『대학』·『중용』·『예운(禮運)』은 매우 중요하다. 『대학』·『중용』 두 편은 유가의 '사서(四書)'에 편입되어 수신제가치국평천하·중용의 철학이 되었다. 『예운』은 중국 고대 전설의 오제(五帝) 삼황(三皇)의 연혁과 음양조화의 이치를 기록한 것인데, 이 편 첫머리의 공자의 대동(大同)사상은 역대 정치가·개혁가들에게 깊은 영향을 주었다.

『이견지』(夷堅志) 44

송나라 때의 홍매(洪邁, 1123-1202)가 엮은 설화집(說話集). 송나라 초기부터 당시까지 민간의 이상한 사건이나 괴담을 모은 책으로, 당시 사회, 풍속 등의 자료가 풍부하다. 본래는 420권이었지만 흩어져 없어지고 오늘날 절반만이 전한다.

『익지서』(益智書) 21, 66, 135, 186

지혜를 더해주는 글이란 뜻의 책 이름이라고 하나 자세하지 않음.

『주역(周易)』 133, 192

『주역』은 상경(上經)·하경(下經) 및 십익(十翼)으로 구성되었다. 십익은 「단전(彖傳)」 상하·「상전(象傳)」 상하·「계사전(繫辭傳)」 상하·「문언전(文言傳)」·「설괘전(說卦傳)」·「서괘전(序卦傳)」·「잡괘전(雜卦傳)」 10편을 말한다. 한대(漢代)의 학자 정현(鄭玄)은 "역에는 세 가지 뜻이 포함되어 있으니 이간(易簡)이 첫째요, 변역(變易)이 둘째요, 불역(不易)이 셋째다"라고 하였고, 송대의 주희도 "교역(交易)·변역의 뜻이 있으므로 역이라 이른다"고 하였다. 이간이란 하늘과 땅이 서로 영향을 미쳐 만물을 생성케 하는 이법(理法)은 실로 단순하며 그래서 알기 쉽고 따르기 쉽다는 뜻이다. 변역이란 천지간의 현상, 인간 사회의 모든 사행(事行)은 끊임없이 변화한다는 뜻이다. 불역이란 이런 중에도 결코 변하지 않는 줄기가 있으니, 예컨대 하늘은 높고 땅은 낮으며 해와 달이 갈마들어 밝히고 부모는 자애를 베풀고 자식은 그를 받들어 모시는 것과 같다는 것이다. 주희는 교역이란 천지와 상하 사방이 대대(對待)함을 이르는 것이고, 변역은 음양과 주야의 유행(流行)을 뜻하는 것이라 하였다. 『설문(說文)』에는 역이라는 글자를 도마뱀(蜥易, 蝘蜓, 守宮)이라 풀이하고 있다. 말하자면, 역(易)자는 그 상형으로 일(日)은 머리 부분이고 아래쪽 물(勿)은 발과 꼬리를 나타내고 있다. 도마뱀은 하루에도 12번이나 몸의 빛깔을 변하기 때문에 역이라 한다고 하였다. 또 역은 일월(日月)을 가리키는 것이고 음양을 말하는 것이라고도 하였다. 이상 여러 설을 종합해 보면 역이란 도마뱀의 상형으로 천변만화하는 자연·인사(人事)의 사상(事象)을 뜻하는 것이라고 할 수 있다. 『주례(周禮)』 춘관편(春官篇) 대복(大卜)의 직(職)을 논하는 글에서 "삼역법(三易法)을 장악하나니 첫째는 연산(連山)이요, 둘째는 귀장(歸藏), 셋째는 주역인데 그 괘가 모두 여덟이고 그 나뉨이 육십사이다"라고 하였다. 이에 대해 한대의 두자춘(杜子春)은 "연산은 복희(伏羲), 귀장은 황제(黃帝)의 역"이라 하였고, 정현은 "역을 하(夏)나라에서는 연산이라 하고 은(殷)나라에서는 귀장, 주(周)나라에서는 주역이라 한다"고 하였다. 연산·

귀장은 일찍이 없어지고 현재 남아 있는 것은 주대(周代)의 역인『주역』뿐이다. 역의 작자에 대해서는『주역』계사전에 몇 군데 암시가 있다. 그중 뚜렷한 것은 "옛날 포희씨(包犧氏)가 천하를 다스릴 때에 위로 상(象)을 하늘에서 우러르고 아래로 법을 땅에서 살폈으며 새와 짐승의 모양, 초목의 상태를 관찰해 가까이는 몸에서 취하고 멀리는 사물에서 취해, 이로써 비로소 팔괘(八卦)를 만들어 신명(神明)의 덕에 통하고 만물의 정에 비기었다"고 하였다. 이로 미루어, 복희씨가 팔괘를 만들고 신농씨(神農氏, 혹은 伏羲氏, 夏禹氏, 文王)가 64괘로 나누었으며, 문왕이 괘에 사(辭)를 붙여『주역』이 이루어진 뒤에 그 아들 주공(周公)이 효사(爻辭)를 지어 완성되었고 이에 공자가 십익을 붙였다고 한다. 이것이 대개의 통설이다. 역을 점서(占筮)와 연결시키고 역의 원시적 의의를 점서에 두는 것은 모든 학자의 공통된 견해이다. 어느 민족도 그러하지만 고대 중국에서는 대사(大事)에 부딪히면 그 해결을 위해 복서(卜筮)로 신의(神意)를 묻는 방법을 썼다. 처음에는 점서를 위해 만들어진 역이 시대를 거치면서 성인(聖人) 학자에 의해 고도의 철학적 사색과 심오한 사상적 의미가 부여되어 인간학의 대경대법(大經大法)으로 정착되었다. (출처:『한국민족문화대백과』)

『포박자(抱朴子)』 158

중국 동진(東晉)의 갈홍(葛洪, 283-343)이 지었다. 내편(內篇)에는 신선술과 선약을 제조하여 수련하는 방법 등을 소개하여 도교의 사상체계를 완성하였다. 외편(外篇)은 유교 정치론에 관한 논술로, 군주가 현명한 사람을 예우하고 유능한 사람을 등용하며 절검하고 백성을 사랑해야 한다는 유가의 이론을 제시하고 있다. 이로써『포박자』에는 도교와 유학이 결합한 갈홍의 사상적 특징이 반영되어 있다.

『**한서**(漢書)』 87

중국 정사(正史)의 하나로서 한(漢) 나라의 역사를 기록한 책이며 전 120권이다. 후한의 반고(班固: 32-92)가 82년(建初 8년) 무렵에 완성했다. 한(漢) 고조로부터 왕망 정권의 멸망에 이르는 230년간(BC.206-AD.24)의 역사를 기록했다. 『한서』는 제기(帝紀) 12편, 연표(年表) 8편, 지(志) 10편, 열전(列傳) 70편 등 총 100편이다. 『사기(史記)』를 모방하여 기전체(紀傳體)로 서술하였으나, 『사기(史記)』가 통사(通史)인 데 반해 단대사(斷代史)로서의 새로운 장을 열었으며, 중국 정사의 전형이 되었다.

명심보감

등록 1994.7.1 제1-1071
1쇄 발행 2017년 9월 10일

역주자 조성천
펴낸이 박길수
편집인 소경희
편 집 조영준
관 리 위현정
디자인 이주향
펴낸곳 도서출판 모시는사람들
　　　　03147 서울시 종로구 삼일대로 457(경운동 수운회관) 1207호
전 화 02-735-7173, 02-737-7173 / 팩스 02-730-7173
홈페이지 http://www.mosinsaram.com/

인 쇄 상지사P&B(031-955-3636)
배 본 문화유통북스(031-937-6100)

값은 뒤표지에 있습니다.
ISBN 979-11-86502-58-7   03140

이 도서의 국립중앙도서관 출판예정도서목록(CIP)은 서지정보유통지원시스
템 홈페이지(http://seoji.nl.go.kr)와 국가자료공동목록시스템(http://www.
nl.go.kr/kolisnet)에서 이용하실 수 있습니다.(CIP제어번호: 2016017765)